武汉体育学院青年教师科研基金资助项目（项目编号：2016QS05）

# 技术的政治
## ——温纳技术政治哲学思想研究

卫才胜 著

图书在版编目(CIP)数据

技术的政治:温纳技术政治哲学思想研究/卫才胜著.—武汉:武汉大学出版社,2017.12
ISBN 978-7-307-19725-1

Ⅰ.技… Ⅱ.卫… Ⅲ.兰登·温纳—技术哲学—政治哲学—哲学思想—研究 Ⅳ.①B712.6 ②N02

中国版本图书馆 CIP 数据核字(2017)第 233611 号

责任编辑:聂勇军　　责任校对:李孟潇　　版式设计:韩闻锦

出版发行:武汉大学出版社　(430072　武昌　珞珈山)
　　　　　(电子邮件:cbs22@whu.edu.cn　网址:www.wdp.com.cn)
印刷:虎彩印艺股份有限公司
开本:720×1000　1/16　印张:12.25　字数:153 千字　插页:1
版次:2017 年 12 月第 1 版　　2017 年 12 月第 1 次印刷
ISBN 978-7-307-19725-1　　定价:30.00 元

版权所有,不得翻印;凡购我社的图书,如有质量问题,请与当地图书销售部门联系调换。

# 前　言

兰登·温纳(1944—)是美国当代著名的政治学家和技术哲学家，他从政治的视角研究技术问题，对技术哲学的发展做出了重要贡献。本书以技术与政治的关系为主题，以技术的困境与消解为主线来阐述温纳的思想。首先，分析了温纳技术政治哲学思想产生的背景；其次，探讨了温纳技术政治哲学的主要思想。温纳回溯了技术与政治的关系，质疑了技术专家治国论，认为人类目前面临着技术统治的危险。面对技术的困境，人们希望通过技术的变革和革命来摆脱它，但适用技术运动的失败，信息技术革命前景的迷茫表明困境依然存在。温纳批判了传统技术困境的解决途径，认为回归自然太模糊，风险评估具有冒险性，价值探讨过于空洞。为此，他提出了技术民主控制的思想。最后，本书评述了温纳技术政治哲学思想的进步意义和局限。

全书分导论、正文和结束语三部分。

第一章：导论。阐述了温纳技术政治哲学思想研究的必要性和意义，梳理了国内外学者对温纳技术政治哲学思想的研究成果，指明了本书的创新之处和难点，提出了研究思路和方法。

第二章到第九章为全书的正文部分。

第二章：温纳技术政治哲学思想产生的背景。温纳技术政治哲学思想的产生有其理论背景和现实背景，西方人文主义技术哲学家的批判思潮和技术哲学的经验转向是其思想产生的理论背景，温纳自己亲身的技术实践和经历是其思想产生的现实背景。

第三章：温纳对技术与政治关系的回溯。这章对技术与政治的概念进行了界定，并对技术与政治的关系进行了回溯。温纳回顾了技术与政治的紧密关系，认为两者之间经历了从古希腊时期治国方略是一门实践技艺到现代技术成为一种制度框架的过程。

第四章：技术专家治国论。技术专家治国论主张由科学精英或技术精英进行统治，培根、圣西门、凡勃伦、普赖斯和加尔布雷斯等学者对这一思想的产生和发展起了十分重要的作用。技术专家治国论是与人们生活的时代相呼应的一种对技术进行控制的有益见解，但总体来说是有缺陷的。现实情况表明，技术专家并没有形成一个一致的有凝聚力的精英团体，也没有尽力获得在任何当代的政体中对政府行为的控制优势。更为重要的是，这一理论排斥公众参与技术的民主决策。

第五章：人类面临技术统治的危险。温纳认为，现代技术社会不是什么技术专家在统治，而是技术在统治着。弗兰肯斯泰因的难题预示着人类的主宰地位受到了严峻的挑战，作为生活方式的技术表明技术不是中性的工具，而是负载着价值。技术不仅负载着价值，而且负载着政治价值。从整个技术与人类的关系来看，人类面临技术统治的危险。

第六章：适用技术运动的失败。适用技术运动是20世纪六七十年代为了摆脱技术的困境而进行的一场技术变革运动。温纳认为，这一运动的产生有其政治和知识根源。由于适用技术自身有无法解决的问题，导致这场运动失败了。适用技术运动虽然失败了，但给我们留下了一笔宝贵的思想遗产。

第七章：信息技术革命前景的迷茫。温纳主要从政治的视角探讨信息技术，他认为信息时代信息处于意识形态地位，信息技术并不像乐观主义者所认为的那样给社会带来了平等和民主，反而带来诸多的政治问题，这就要求我们对信息技术的发展保持必要的反思。

第八章：技术困境消解的途径和出路。针对技术的困境，传统的解决途径并不能真正地解决问题。温纳认为回归自然太模糊，风险评估具有冒险性，价值探讨过于空洞。在批判传统解决途径的基础上，温纳提出了技术民主控制思想。

第九章：对温纳技术政治哲学思想的评价。一方面，温纳的技术政治哲学思想对于深化技术自主性思想，丰富 STS 理论以及对我国发展具有现实的指导意义；另一方面，温纳的技术政治哲学思想存在着局限，主要表现为对技术自主性的研究缺乏辩证分析，对技术民主控制的研究尚需深化。

结束语：总结全书内容。

# 目　　录

**第一章　导论** ·········································································· 1
　第一节　研究的必然性及其意义 ·········································· 1
　第二节　国内外研究现状 ····················································· 9
　第三节　研究的创新之处和难点 ········································ 16
　第四节　研究的思路和方法 ··············································· 16

**第二章　温纳技术政治哲学思想产生的背景** ·························· 19
　第一节　温纳技术政治哲学思想产生的理论背景 ············· 20
　第二节　温纳技术政治哲学思想产生的现实背景 ············· 31

**第三章　温纳对技术与政治关系的回溯** ································ 36
　第一节　技术与政治概念的界定 ········································ 36
　第二节　技术与政治关系溯源 ··········································· 41

**第四章　技术专家治国论** ······················································ 49
　第一节　技术专家治国论的产生和发展 ···························· 49
　第二节　对技术专家治国论的质疑 ···································· 58

**第五章　人类面临技术统治的危险** ········································ 61
　第一节　弗兰肯斯泰因的难题 ··········································· 61

## 目 录

  第二节 作为生活方式的技术 …………………………… 65
  第三节 技术的政治性 ………………………………………… 71
  第四节 技术的自主性 ………………………………………… 78
  第五节 技术统治的根源 ……………………………………… 93

### 第六章 适用技术运动的失败 ………………………………… 101
  第一节 适用技术运动产生的根源 ………………………… 101
  第二节 适用技术运动的中心话语：适用技术 ………… 104
  第三节 适用技术运动失败的缘由 ………………………… 107

### 第七章 信息技术革命前景的迷茫 ……………………………… 110
  第一节 信息时代信息处于意识形态的地位 …………… 110
  第二节 信息技术并不必然带来平等和民主 …………… 112
  第三节 信息技术引起社会政治变化值得关注的几个问题 … 117

### 第八章 技术困境消解的途径和出路 ……………………………… 121
  第一节 温纳对传统解决途径和方法的批判 …………… 121
  第二节 温纳对技术民主控制的推崇 ……………………… 135

### 第九章 对温纳技术政治哲学思想的评价 ……………………… 147
  第一节 温纳技术政治哲学思想的进步意义 ………… 147
  第二节 温纳技术政治哲学思想的局限 ………………… 166

**结束语** ……………………………………………………………… 171

**参考文献** …………………………………………………………… 174

**后记** ………………………………………………………………… 187

# 第一章 导 论

## 第一节 研究的必然性及其意义

哲学的发展有很长的历史,但在相当长的一段时间内,技术并没有纳入哲学的研究视域之内。随着技术的迅猛发展和对人类生活影响的日益加深,哲学的研究出现了技术的转向,人们开始把更多的目光投向技术。兰登·温纳是美国当代著名的政治学家和技术哲学家,他站在哲学的高度,从技术与政治的视角来研究技术,大大拓展了技术哲学研究的领域,深化了人们对技术与政治关系的理解,在技术哲学的研究中占有十分重要的地位。因此,对他思想的研究具有必然性和重要的意义。

### 一、哲学中的技术转向

技术与人类相伴而生,可以说,人类离开了技术将无法生存。技术对于人来说,可以看成是人的另一个存在,人们天天都要同技术打交道,但奇怪的是技术在很长的一段时期内都没有进入哲学思考的核心,技术的哲学研究出现了历史性的缺席。究其原因,这主要是与西方哲学的理论取向有关。古希腊自苏格拉底开始,哲学被规定为一种理性的事业，一直把理论活动作为主要的研究对象，而对实践活动不予重视。在他们看来，技术是一种实践性很强的活动，技术即无思，是一种知识贫乏的活动，不值得哲学去研究。正如德国著名技术哲学家拉普所认为的那样："忽视技术哲学的根本原因，除了具体的历史情况之外，还跟西方哲学注重理论的传统有关。人们曾认为技艺就是手艺，至多不过是科学发现的应用，是知识贫乏的活动，不值得哲学来研究。由于哲学从一开始就被规定为只同理论思维和人们无法改变的观念领域有关，它就必然与被认为是以直观的技术诀窍为基础的任何实践活动、技术活动相对立。"[1]

历史上，虽然对技术的哲学反思早已有之，但只是琐碎地存在于一些哲学家的谈话和著作中，没有成为哲学的独立研究对象。技术作为一种独立的革命性力量登上历史舞台是随着近代工业革命开始的，这个时候技术才真正成为哲学的独立研究对象之一。伴随着技术的发展，技术对社会的影响越来越大，它在推动社会进步的同时，也给社会带来了诸多问题，使得更多的哲学家开始关注技术，并把技术纳入中心问题进行研究。此时，西方哲学也开始把实践问题置于一个重要位置来改造传统的哲学。第一次把技术提升到哲学核心位置的是20世纪最重要的哲学家海德格尔。海德格尔在他的《存在与时间》一书中指出，人与世界的关系首先应该是一种操作的关系，其次才是认识观照的关系。技术的本质不是那些器具所代表的东西，而是真理的开显方式。技术在现代成为一种起支配和揭示作用的本质，现代科学的本质在于现代技术，现代艺术和现代宗教的本质也受其支配。由于技术在现代已经成为一种显象，才使我们经历着所谓的"技术时代"。现代技术也因此走到了一个极端形态，

---

[1] F. 拉普. 技术哲学导论[M]. 刘武，等，译. 沈阳：辽宁科学技术出版社，1986：177.

从而导致形而上学走向了终结。正因如此，吴国盛认为，"海德格尔的哲学研究主要以实践取向取代理论取向是毋庸置疑的，他已经把技术问题同哲学的终结问题相关联，他的命题'现代技术是形而上学的完成形态'第一次把技术提升到哲学的核心位置"。①

由于深受海德格尔技术哲学思想的影响，再加上现代哲学日益从理论取向逐步转到实践取向，技术迅速成为当代哲学研究的一个重要主题。目前，对哲学"技术转向"的理解有狭义和广义之分。狭义的理解认为技术将成为哲学反思的中心话题，技术哲学将成为哲学中的热门；广义的理解认为这在于哲学视野的转变，即以制造技术的眼光来看待存在、自然、社会和人类本质，以技术哲学的语言来重新解读以往哲学所关心的一切，使人工物或人造物成为哲学的"第一主题"。② 我国学者高亮华比较倾向于狭义的理解，而吴国盛则比较倾向于广义的理解。吴国盛认为，"技术正在或即将成为哲学反思的中心话题。这种中心地位表现在，技术不是诸多问题之中的一个，而是使所有问题成为问题的那种问题。也可以说，一切问题都是技术问题，而一切技术问题都不是（狭义的）'技术'问题"。③ 但无论是对哲学"技术转向"的狭义或广义的理解，哲学都把对技术的研究放在中心位置。

可见，虽然技术很晚才得到哲学家的关注，但是人们现在越来越清晰地感觉到哲学中这种技术转向的趋势。相比于哲学的"认识论转向"、"语言学转向"，目前"技术转向"的说法稍显夸张，但越来越多的哲学家把技术作为研究的中心却是不争的事实。

---

① 吴国盛. 哲学中的"技术转向"[J]. 哲学研究，2001(1).
② 李卫红. 马克思主义哲学与哲学中的"技术转向"[J]. 武汉大学学报（人文科学版），2003(3).
③ 吴国盛. 哲学中"技术转向"[J]. 哲学研究，2001(1).

## 二、温纳技术政治哲学思想的地位

一般来说,技术哲学诞生的标志是德国的卡普在1877年发表的《技术哲学纲要》一书。技术哲学一诞生,就出现一对"孪生兄弟",一个是工程学的技术哲学,另一个是人文主义的技术哲学。前一个主要由工程师组成,如德韶尔、席梅尔、恩格迈尔等,他们从内部对技术进行分析,强调对技术本身的性质即概念、方法论程序、认知结构以及客观的表现形式进行分析,他们的思想比较倾向于技术;后一个主要由人文学者组成,如马克思、海德格尔、埃吕尔、芒福德、马尔库塞、哈贝马斯等,是用非技术的或超技术的观点解释技术意义的一种尝试,他们的思想对技术多少有点持批判的态度。

在美国技术哲学家米切姆看来,"统治技术哲学的还是伦理和政治分析:这一情形部分是由于现代社会强调实践高于理论造成的,也部分地反映了技术进步产生的问题的紧迫性"。① 我这里所研究的温纳的技术政治哲学思想是属于人文主义的技术哲学,这一思想在技术哲学中的地位是由其研究的特色决定的。温纳的技术政治哲学思想主要有以下几个特点:

第一,注重对具体技术的研究。温纳不仅从整体上研究技术,认为技术具有自主性,提出了技术命令和反向适应等概念,而且顺应技术哲学的经验转向,开始研究具体技术的政治问题,一改过去经典技术哲学家如海德格尔、埃吕尔等人把技术作为一个抽象和整体进行研究的做法。他对信息技术、太阳能技术和核能技术等具体技术的政治问题进行了研究,认为信息技术并不像信息乐观主义者

---

① 乔瑞金.技术哲学教程[M].北京:科学出版社,2006:143.

所认为的那样必然会带来社会政治的进步,太阳能技术更能与民主、平等的社会相容,而核能技术就其本性来说是一种专制的技术。最为典型的是他对美国纽约长岛由摩西设计和建造的天桥的分析,他认为这些低矮的天桥阻挡了弱势种族和低收入群体进入琼斯海滩的一个公园进行休闲和游玩。他认为天桥并不是中性的,而是体现了摩西的阶级偏见和种族歧视。

第二,注重技术自身具有政治性的研究。在技术和政治关系的研究上,传统的和大多数现代的政治哲学、技术哲学都把技术和政治看成是两个分离的领域,主要讨论的是技术对政治产生的影响,政治对技术产生的作用,政治和技术基本上是分开的。温纳的研究不仅包含了这一传统,而且对技术和政治关系的研究建立在更深刻洞察力的基础上,主张技术内在地与政治联系在一起,也就是说,技术本身就带有政治的特性,而且这种政治特性可以独立于技术所处的文化环境而存在。例如,核能是典型的具有内在政治特性的技术。由于它的各种致命的特性,使得无论在哪种社会制度和文化环境中,均决定了其内在的社会系统必须是集权的,而不是民主的。如果不这样,就会导致钚燃料有被恐怖分子盗取的可能,这将会给整个世界的安全带来巨大的危害。人造物本身就带有政治性,可以认为这是温纳技术政治哲学的一大特色和贡献,它大大开拓了技术政治哲学研究的新思路。

第三,注重对技术民主的研究。在技术控制的问题上,流行着一种观点即技术专家治国论,这种观点主张由科学精英或技术专家进行统治。技术专家治国论的思想可以追溯到17世纪的培根,他在著作《新大西岛》中描述了一个由一些技术专家统治的理想王国。随后的圣西门、凡勃伦、普赖斯和加尔布雷斯等,都是技术专家治国论的代表。温纳比较深入地探讨了技术专家治国论的思想,并对其进行了质疑。由于受哈贝马斯、芬伯格等学者的影响,他对技术民主化的思想比较推崇。温纳认为，在技术的设计、应用和管理的许多领域，应当更多地实行民主化，让普通市民和非专家都具有发言权，积极地参与到技术的决策中去。他还探讨了公众参与技术决策的民主模式，即共识会议和方案工作室等。与此同时，为了实现技术的民主化，温纳还希望通过立法把公众参与技术作为一项基本的人权和公民权。

在哲学研究向技术转向的同时，技术哲学研究的视角在当代也发生了转向，从对抽象技术的研究转向对具体技术的研究，从对技术外部的研究转向对技术自身的研究，从对技术专家控制的研究转向对技术民主控制的研究，这是一个从抽象到具体、从外部到内部、从上（专家）到下（公众）的过程。从温纳技术政治哲学的思想来看，其都融合了这三种研究的进路，而且以一种特殊的视角即政治的视角研究技术问题。由于温纳在技术政治哲学方面的建树，他被《华尔街日报》誉为"技术政治领域的学术领袖"，并在1990—1992年任美国技术哲学协会会长。可见，温纳的技术政治思想在技术哲学中占有十分重要的地位，具有重要的研究价值。因此，对其技术政治哲学思想的研究很有必要。

## 三、研究的意义

**1. 理论意义**

第一，有利于加深人们对技术政治特性的认识。传统的观点认为，技术是中性的工具，并不负荷价值。亚里士多德认为，技术本身并无善恶之分，只是一种达到目的的工具和手段。雅斯贝尔斯也认为，技术本身是中性的，没有善恶和对错之分，并不负荷着任何价值。萨克塞认为，技术只是方法，只是工具，技术行为的目的问题存在于技术之外，而工具是中性的东西，它无所谓善，也无所谓恶。温纳从政治的视角出发来研究技术，打破了技术是中性工具的传统，提出了技术物本身就具有政治性的独创性的思想，大大开拓了人们对技术认识的眼界。由于技术本身就具有政治性，技术的发展重构了社会，技术的律令规定着整个社会的秩序，社会政治的宪章变成了技术的宪章。这就要求我们在引进、设计、使用某项技术时，必须考虑其负荷的政治因素，做到有利于而不是有害于人类社会的发展。温纳提出的这些观念，将极大地加深人们对技术政治特性的认识。

第二，有利于增强人们对技术困境的认识。弗兰肯斯泰因的难题喻示着人类面临的技术困境。随着技术的发展，技术越来越具有某种自主的特性。面对技术的自主性，人将没有自主性。如果放任技术的发展，人将成为技术的奴隶。温纳一方面对历史上的技术自主论进行了探讨，另一方面从政治的视角对技术自主论进行了改造，提出了"技术命令"和"反向适应"这两个核心概念。面对技术带来的困境，适用技术运动希望以新的技术代替传统的技术，由于适用技术自身有无法解决的问题，从而导致这场运动失败了。随着信息技术的兴起，人们对未来充满了憧憬，但信息技术给社会带来了诸多问题，这里温纳主要从政治的角度揭示信息技术带来的问题。总之，温纳以政治的视角看待技术困境问题，大大增强了人们对这一问题的认识。

第三，有利于提高人们对技术民主控制的认识。面对技术的困境，学者们提出了不同的解决方案，如回归自然、进行风险评估、诉诸价值等。针对这些方案，温纳逐一进行了分析和批判。回归自然太模糊、风险评估太冒险、诉诸价值过于空洞，他提出了技术民主控制方案。温纳致力于技术创新和技术决策的民主化，提出公众应在技术决策中发挥重要作用，他甚至希望通过立法把公众参与技术作为一项基本的人权和公民权，这在一定程度上纠正了传统的技术专家治国论的思想，对促进技术的健康发展和增强公众的民主意识具有重要的作用。

**2. 现实意义**

当今时代，是技术快速发展的时代，以电子计算机、核能技术、空间技术和生物工程的发明和应用为主要标志，涉及信息技术、生物技术、新材料技术、新能源技术、空间技术和海洋技术等众多领域的一场信息控制技术革命对人类社会的发展产生了深远的影响。技术在给人们带来巨额财富和便利的同时，也带来了许多问题，如环境的污染、生态的破坏、资源的匮乏、人性的压抑等。面对技术带来的系列问题，人们仍然迷恋于技术的效率，希望技术能够带来更多的财富、更便捷的生活、更好的享受，而对技术带来的问题往往视而不见，缺乏对技术进行必要的反思。正如温纳所说，人们处在技术的梦游之中。人类的这种状态，使得人类所面临的危险越来越近。1984年印度博帕尔毒气泄漏事件、1986年苏联切尔诺贝利核电站爆炸事故已经提醒了我们，2011年日本大地震所造成的福岛核电站核泄漏事故引起的巨大灾难进一步给我们敲响了警钟。我们不能再处于梦游之中，对技术的发展听之任之；否则，人类将会被技术所累，甚至成为技术的奴隶。温纳深入地探讨了人类目前的状态以及技术的政治特性，对当前人类的技术发展具有重要的警醒作用。与此同时，研究温纳的技术政治哲学思想对我国现阶段的技术创新、可持续发展、信息民主等问题都具有重要的借鉴意义。

## 第二节 国内外研究现状

由于技术哲学兴起的时间并不长,对技术与政治关系的研究,特别是对技术自身具有政治性的研究才刚刚起步。因此,国内外对温纳技术政治哲学思想研究的学者并不多,也没有成系统化。

### 一、国内研究现状

国内学者对温纳的研究是从20世纪90年代开始的,一直都没有间断。近年来,虽然研究他的学者逐渐增多,但总的来说,数量还是较少,温纳的思想并不被国内学界所熟知。

较早研究温纳的学者是高亮华,他在1992年发表了《温纳:〈从自主的技术论〉到〈鲸鱼与反应堆〉》一文,以书评的形式对温纳两本著作即《自主的技术:失控的技术作为一个政治思想的主题》和《鲸鱼与反应堆:关于高技术时代之限度的研究》的内容进行了简单的介绍,使人们对温纳的思想有一个大致的了解。后来,他在《技术的伦理与政治意含》一文中,从解析技术的定义出发,认为技术并不是一种达到目的的工具或手段,而是负载价值的,具有丰富的伦理与政治价值的含义。在这篇文章中,他提到了温纳技术漂流的思想。

刘文海在《技术的政治价值》一书和《技术负荷政治吗?》一文中指出,温纳的思想是一种技术政治论,技术政治论的实质是一种文化理论。"技术政治论的核心主张是,在现时代,技术环境所要求的规则事实上取代了建造、维持、选择、行动和强制过程中的其他方式,具有某种政治性。"[1]温纳认为这一思想与传统的观念不同,"传

---

[1] 刘文海. 技术负荷政治吗? [J]. 自然辩证法通讯, 1996(1).

统观念认为技术工具被用于实现既定的社会目标,且这种作用是单向的和确定的;而技术政治论则认为,技术系统不是去响应政治的或社会的过程的命令,而是产生一种社会必须实现(否则会面临不幸后果)的命令,此即'技术绝对命令'"。① 温纳想以技术政治论代替技术统治论,但事与愿违。刘文海认为,"尽管温纳自己声称他已找到了技术统治论的替代物——技术政治论,但在本质上,他的理论并没有超越技术统治论,而相反却使问题扩大化和极端化,落入了完全技术决定论的框架内"。② 另外,刘文海还通过分析温纳提供的一些案例,对温纳认为技术本身是政治性的观点进行了具体的探究。可以说,刘文海是国内较早涉及温纳技术政治哲学思想的学者之一。

肖峰在《关于技术的政治性》一文中对技术的政治特性进行了探讨,他认为技术的政治性关涉到技术的社会功能乃至本质的理解。技术体现了不同人的不同利益,针对这一价值偏向性,不少思想家进行了阐释,其中就包括了温纳。但肖峰认为,对于技术的政治特性不能一概而论,而应在一定的条件下进行理解。他指出:"技术在有限条件下是有政治的,严格地说必须从社会的建构来说明技术的政治性,只有政治因素参与了建构的技术才是有政治性的。绝不能将技术泛政治化,否则会对其最重要的生产力功能形成曲解。"③

刘桂英、任玉凤在《温纳的技术自主性思想》一文中对温纳的技术自主性思想进行了系统的阐述。她们揭示了温纳技术自主性思想的理论基础,介绍了温纳通过归纳得出的技术的九个特点,着重解读了温纳提出的核心概念,同时对温纳的技术自主性思想进行了评价。后来,她们又在《Winner的技术政治性思想评述》一文中探讨了技术的政治特性,并对温纳的技术政治思想进行了评价。但是,遗

---

① 刘文海.技术负荷政治吗?[J].自然辩证法通讯,1996(1).
② 刘文海.技术负荷政治吗?[J].自然辩证法通讯,1996(1).
③ 肖峰.关于技术的政治性[J].自然辩证法通讯,2004(2).

憾的是,她们没有做把技术的自主性和技术的政治性结合在一起的工作。

张慧敏、陈凡在《从自主的技术到技术的政治》一文中对温纳的技术自主性和技术的政治性思想进行了考察。文章的主要内容是,"从研究自主技术出发,分析了温纳自主技术观的根基、表现,并在研究技术作为政治现象的两种方式的基础上,探讨了温纳所提出的技术的政治,包括技术的内在政治性本质、技术作为政治现象的特征以及控制技术的可能性,并以此为基础认为,技术已经成为我们的生活方式,技术的民主控制问题值得我们思考"。① 文章试图对自主的技术和技术的政治进行一定程度的结合,并开始涉及温纳提出的技术的民主控制问题。

李梅敬在《走近 Langdon Winner 及其技术观》一文中主要考察了温纳的生平、著作及其技术观,并给出了自己的几点思考,同时希望我们能像温纳所期盼的那样,用技术哲学的方法对技术进行深刻的反思,让技术更加关注人类的需求和福祉。后来,他又在《从温纳技术自主思想看技术合力论》一文中追溯了温纳技术自主思想的理论基础,对温纳的技术自主性思想进行了阐述,同时指出温纳不是温和的技术决定论者。此外,在技术是否自主的问题上,李梅敬指出,"技术是自主性与非自主性的统一,有自身发展的内在规律,同时也受到各种角色和意志的影响,是自身逻辑和外在因素合力的结果"。②

梅其君在《温纳是技术自主论者吗——兼论温纳对埃吕尔的技术自主性思想的发展》一文中比较系统地介绍了温纳的技术自主性思想,并与埃吕尔的技术自主性思想进行了比较。他指出,"温纳的技

---

① 张慧敏,陈凡. 从自主的技术到技术的政治[J]. 自然辩证法研究,2004(8).

② 李梅敬. 从温纳技术自主思想看技术合力论[J]. 唯实,2007(8).

术自主性思想,特别是技术命令和反向适应这两个概念,是对埃吕尔的技术自主性思想的深化和补充"。① 在《埃吕尔与温纳的技术本质观之比较》一文中,他比较了这两位学者的技术本质观,并指出这两位学者技术本质观的意义。梅其君认为,"埃吕尔给技术下了一个本质主义的定义,温纳对技术采取了非本质主义的描述;埃吕尔认为技术已成为一种环境,温纳则认为技术成为了一种生活方式。埃吕尔和温纳的技术本质观的意义就在于他们指明了现代技术这种无所不包的性质,揭示了整个社会的技术化和人的技术化生存的现状与趋势,彰显了技术对人的形塑"。② 后来,他又在《作为生活方式的技术——论温纳的技术本质观》一文中,对温纳的技术本质观进行了比较深入的探讨,指出技术作为生活方式,不仅改变了人们的日常生活形式,而且还改变和影响了人们的思想观念,同时对人们的社会角色和社会关系进行了重塑。在梅其君《技术自主论研究纲领解析》一书中,以上涉及温纳的思想都有所体现,不过他研究的主题是技术自主论,温纳的自主性思想只是其中的一个部分。

徐越如在《从技术的梦游到技术的民主控制》一文中认为,"温纳的技术政治哲学研究经历过从技术的自主性到技术的政治性,从技术的梦游到技术的民主控制的转变。文章通过对这种转变的研究,结合近年来其对现代技术所作的反思和批判,对技术政治哲学研究的实质和特点进行了分析和评价"。③ 在《技术魔力的揭秘者:温纳的技术政治哲学研究》一文中,除了包含上述思想外,徐越如还指出,温纳的技术政治哲学与一般STS的区别、温纳与马克思的关系,

---

① 梅其君.温纳是技术自主论者吗——兼论温纳对埃吕尔的技术自主性思想的发展[J].自然辩证法研究,2007(5).

② 梅其君.埃吕尔与温纳的技术本质观之比较[J].自然辩证法研究,2006(8).

③ 徐越如.从技术的梦游到技术的民主控制[J].天津工程师范学院学报,2007(1).

并且认为温纳是现代技术魔力的揭秘者和技术民主控制的倡导者。

卫羚在《兰登·温纳技术哲学思想的解读——技术决定论与社会决定论的桥梁》一文中深入考察了"温纳与技术自主论、社会建构论以及技术的社会形成论,认为温纳是技术自主论与技术的社会形成论之间的桥梁,贯穿了两种理论特质,并就温纳的技术哲学思想作了解读"。①

在中国博士论文和优秀硕士论文库中,并没有针对温纳的研究性论文,在资料查找的过程中仅找到3篇普通硕士论文:上海大学李梅敬的《从〈自主的技术〉看兰登·温纳的技术哲学观》、哈尔滨工业大学宋翌铎的《关于温纳技术政治理论的研究》、南京农业大学卫羚的《兰登·温纳技术政治哲学思想初探》。李梅敬以温纳的原著《自主的技术:失控的技术作为一个政治思想的主题》为基础对温纳的技术哲学观进行了解读;宋翌铎对温纳的技术政治思想进行了一定程度的研究;卫羚也探求了温纳的技术自主性和技术政治性思想。但是,硕士论文要想对温纳的思想有一个比较系统全面的研究是不可能的。更重要的是,在他们的研究中并没有把温纳的自主性和政治性思想很好地结合起来,这也正是本书所要做的工作。

## 二、国外研究现状

国外学者目前主要针对温纳技术思想的一些具体问题进行了探讨和争论,并没有进行系统的研究。

Jone Street 在《政治与技术》一书中,对技术自主论和技术决定论进行了详细的区分,并认为温纳的技术思想不是技术自主论,而是

---

① 卫羚. 兰登·温纳技术哲学思想的解读——技术决定论与社会决定论的桥梁[J]. 福建论坛, 2009(9).

技术决定论。

在技术与政治的关系上,针对技术的解释是否具有确定性的问题,伍尔加(Wooglar)与温纳进行了争论。温纳认为技术的政治后果是明确的和可预测的,伍尔加则认为技术的政治身份还未确定,对技术意义还有多种解读,仍然有"解释的灵活性"。温纳针对这一责难进行了驳斥,他认为,虽然技术物可作多种解释,但是在特定的条件下是确定的,完全否定任何确定的答案是错误的,摩西桥所体现的社会不公是有充足的根据的。温纳强烈反对技术社会建构论的解释弹性原则对技术进行无限的解读而缺乏一个立场,从而导致技术的意义不确定。在他看来,技术社会建构论"解释的灵活性"这一概念具有很强的相对主义色彩。针对温纳与伍尔加的论争,学者马克·伊拉姆(Mark Elam)进行了评述。伊拉姆认为,由于温纳没有认识到伍尔加的彻底的解释主义是自由的解释主义,这种解释主义支持每个人解释的自由,不能把观点强加于人,从而认为技术社会建构论者对现代历史中有关技术和人类生存状况的更大问题是没有确立一个立场,批判他们回避道德和政治的争论,这样的批判是不正确的。更重要的是,伊拉姆认为温纳没有认识到技术解释的弹性不仅仅是一种方法论原则,也是一种道德和政治的原则。伊拉姆驳斥了温纳对技术社会建构主义的批判,并不意味着他赞同伍尔加的彻底的解释主义。在伊拉姆看来,没有必要把彻底的解释主义作为一种美德,其实对于技术的解释给予一个明确的立场对那些不同意这种解释的人来说并不是一件令人可怕的事情,反而能够促进不同观点的争鸣,因为是否接受这种解释归根到底取决于他们自己。伊拉姆既不赞成温纳对技术解释弹性的批判,也反对伍尔加的彻底解释主义。他认为,最终我们面对的是两种担忧:"假如你站在伍尔加一边,你总是让我们广泛困扰于通过我们毫不知情的能力对遍布我们社会的技术消耗和产生'过度解读和过多价值'的解释。反之,如果你站在温纳一边，你将不断寻求提醒我们反对'价值中性'这种新的虚无主义，据称它建立在这样的想法上，由于技术的每一个解释都是有意义的，使得这种解释和其他的解释一样是无关紧要的。"[1]针对伊拉姆对自己观点的评述，温纳进行了回应。温纳认为，伊拉姆注意到自己要求学者们对于技术和人类生存状况的更大问题采取一个立场这是对的，但是认为自己坚定地支持这个立场并把它当做普遍真理则是对他的误解，实际上这种情况只是发生在现实社会的某种特殊情形之中。

温纳希望将技术和政治领域融合起来，Smits Martijntie 则认为，温纳并没有把两者很好地结合起来。温纳希望用民主政治来引导技术变化，而要实现这一愿望，Smits Martijntie 认为就应该让技术领域服从于政治领域，这就要保留受到批判的工具论观点，即把技术看做是实现民主政治的工具。

温纳认为技术不仅是人们使用的工具，而且其自身具有控制环境的能力，不管人们是否使用技术，它都具有政治的因素。而 Ruth Schwartz Cowan 则认为，技术本身并没有力量，只有当人们使用它来控制环境时，它才具有政治的意蕴。

约瑟夫·C. 皮特(Joseph C. Pitt)认为温纳是以个人价值偏向来描述美国社会中的人工技术物，用意识形态来处理技术哲学中的问题。在他看来，这并不恰当。皮特指出，"如果从意识形态的立场对技术做出辩护，我们永远不会取得哲学上的进展。而且这样做的话，还会妨碍我们解决永远处于争论之中的不一致意见的能力，也会削弱我们理解与我们相关的技术人工物和技术体系的能力"。[2]

---

[1] Mark Elam. Anti Anticonstructivism or Laying the Fears of a Langdon Winner to Rest [J]. Science, Technology and Human Values, 1994, 19(1)：101-106.
[2] 约瑟夫·C. 皮特. 技术思考[M]. 马会端，陈凡，译. 沈阳：辽宁人民出版社，2008：100.

## 第三节 研究的创新之处和难点

### 一、研究的创新之处

温纳虽然到中国讲过学,但是他的思想并不被国内学界所熟知。国内虽然对他的思想有些研究,但并不系统和全面,笔者做这方面的工作本身就是一种创新。温纳的思想比较零散,涉及的问题很多,笔者对其思想并不是简单地介绍,而是以技术与政治的关系为主题,以技术的困境与消解为主线对其思想进行系统的整合,并对其思想进行得失方面的评价,以便整体地解读温纳的技术政治哲学思想,这也是本书的创新之处。

### 二、研究的难点

由于有关温纳技术政治哲学思想的中文资料并不多,需要翻译大量的英文资料,这容易导致理解上的偏差。因此,如何更好地忠实于温纳本人的思想,是本书最大的难点。同时,温纳的技术政治哲学思想是零散地分散在他的著作和论文中,如何把它们系统地组织起来,比较清晰地体现温纳的技术政治哲学思想,这也是本书的一大难点。

## 第四节 研究的思路和方法

### 一、研究的思路

本书以技术与政治的关系为主题,以技术的困境和消解为主线探讨了温纳的技术政治哲学思想。全书共分九章：第一章是导论；第二章是温纳技术政治哲学思想产生的背景；第三章是温纳对技术和政治关系的回溯；第四章是技术专家治国论；第五章是人类面临技术统治的危险；第六章是适用技术运动的失败；第七章是信息技术革命前景的迷茫；第八章是技术困境消解的途径和出路；第九章是对温纳技术政治哲学思想的评价。其中，第二章到第九章是本书的正文部分，正文部分又分为困境、出路、评价三大块。最后是结束语，总结全书。可以说，整本书的脉络是清晰的。

## 二、研究的方法

**1. 逻辑和历史相统一的方法**

由于温纳的技术政治哲学思想比较分散，本书围绕着技术与政治关系这个主题，并以技术的困境和消解为逻辑主线，把相关的历史材料串起来，从而使温纳的技术政治哲学思想构成了一个整体。

**2. 辩证分析的方法**

本书全面分析了温纳的技术政治哲学思想，既分析了温纳技术政治哲学思想的进步意义，又指明其思想的局限性。本书认为，温纳的技术政治哲学思想深化了技术自主性思想，丰富了 STS 理论，但同时他的思想对技术自主性的研究缺乏辩证分析和对技术民主控制的研究尚需深化等，从而形成对温纳技术政治哲学思想的全面认识。

**3. 案例法**

温纳在论述自己的技术政治哲学思想时涉及摩西桥、太阳能和核能等实例。本书通过对这些实例进行分析和解读，揭示这些实例背后所隐藏的东西，使我们能够更好地理解温纳的技术政治哲学思想。

# 第二章　温纳技术政治哲学思想产生的背景

　　兰登·温纳是美国当代著名的政治学家和技术哲学家，1944年生于美国加州，1973年获加州大学伯克利分校政治学博士学位。曾在加州大学、荷兰莱顿大学、麻省理工学院任教，目前担任美国伦斯勒理工学院科学与技术研究系讲席教授。他是科学与技术研究领域的主要创始人之一，国际技术哲学学会副主席，1990—1992年任美国技术哲学协会会长。1988—1998年又在MIT技术评论栏目担任了10年的专栏作家。由于他在技术政治领域研究方面所取得的卓越成就，1997年6月，华尔街日报称他为"技术政治领域的学术领袖"。他的主要著作有《自主的技术：失控的技术作为一个政治思想的主题》(*Autonomous Technology*：*Technics-out-of-control as a Theme in Political Thought*，1977)，《鲸鱼与反应堆：关于高技术时代之限度的研究》(*The Whale and the Reactor*：*A Search for Limits in an Age of High Technology*，1986)。兰登·温纳的思想很有见地，他从技术与政治的关系入手，探讨人类面临的技术困境问题，并把技术政治的思想上升到技术哲学的高度，甚至提出了技术物本身就具有政治性这种所谓"离经叛道"的思想。兰登·温纳这些思想的产生并不是偶然的，有其产生的理论和现实背景。

## 第一节 温纳技术政治哲学思想产生的理论背景

### 一、西方人文主义技术哲学家的批判思潮

作为人文主义的技术哲学家,温纳的思想深受其他人文主义技术哲学思想的影响,这使得其技术政治哲学思想更多地带有批判的性质。从总体上看,他主要受到以下人文主义技术哲学思想的影响。

**1. 海德格尔的"座架"**

海德格尔认为,技术是一种解蔽的方式,技术在解蔽和无蔽状态的发生领域中,即真理的发生领域中成其本质。海德格尔指出,现代技术除具有作为技术一般的本质外,还具有与传统技术明显不同的特质。例如,古代的风车能自然地利用风能,而现在的水电站则把河流限定作为电力的供给者,这就是现代技术与传统技术不一样的地方,它能够对自然进行"限定"。现在空气被限定来生产氮,土地被限定来生产矿石,矿石可以被限定来生产铀,而铀则可以被限定来生产既能服务又能毁灭人类的原子能。在海德格尔看来,现代技术的本质不是什么技术因素,而是"座架"(Ge-stell)。座架是一种非人的认识框架,是一种展现方式,它支配着现代技术的本质,而本身却不是技术的东西。座架包括了四种含义:(1)促逼着的要求;(2)促逼和摆置的聚集;(3)在现代技术中起支配作用的解蔽方式;(4)支持现代技术解蔽的无蔽状态。① 座架摆置着人,也促逼着

---

① 李成智,陈凡,韩连庆.技术与哲学研究[M].北京:北京航空航天大学出版社,2008:171.

人，使人以订造方式把现实当做持存物来解蔽。"人在座架之中，被一股力量安排着、要求着，这股力量是在技术的本质中显示出来的而又是人自己所不能控制的力量。"①现代技术成为人的宿命，它使人类社会陷入某种困境之中。然而，正如荷尔德林所说的那样："哪里有危险，哪里就有拯救的力量。"海德格尔认为，座架不仅是一种危险，同时也是一种拯救人的力量，技术带来的困境是可以克服的。如何摆脱技术的困境，海德格尔指出，技术是不会毁灭的，而是要通过思与诗等形式以达到对技术的超越。海德格尔的"座架"，是对技术困境的揭示，在技术哲学界影响很大。温纳技术自主论思想的提出也受其影响，但温纳和绝大多数学者并不认同海德格尔的技术拯救之路，他们认为通过思与诗来克服技术的困境，那太过于浪漫而不切实际。

**2. 马克思的技术异化思想**

马克思并没有明确地提出异化的概念，但是他的著作中却包含着有关异化的丰富思想，马克思技术批判关注的焦点是对资本主义技术异化的批判。马克思认为，在资本主义生产中，劳动者不仅同劳动产品相异化，而且和劳动过程相异化，也就是同技术相异化。人不再是技术的主人，相反，技术却作为一种异己的力量压迫人。在《资本论》中，马克思对技术的异化进行了尖锐的批判："在工场手工业和手工业中，是工人利用工具，在工厂中，是工人服侍机器。……在工场手工业中，工人是一个活机构的肢体。在工厂中，死机构独立于工人而存在，工人被当做活的附属物并入死机构。"②

---

① 盛国荣. 技术哲学语境中的技术可控性[M]. 沈阳：东北大学出版社，2007：20.

② 马克思，恩格斯. 马克思恩格斯选集：第2卷[M]. 北京：人民出版社，2012：227.

技术的异化不仅使人成为机器的附属物，而且使人道德败坏。"似乎是以道德的败坏为代价换来的。随着人类愈益控制自然，个人却似乎愈益成为别人的奴隶或自身卑劣行为的奴隶。"①针对马克思的技术异化思想，温纳认为，马克思形成了第一个有条理的技术自主的理论。温纳指出："卡尔·马克思关于劳动、制造和机器的著作，包含着可以发展出自主的主题的章节，或者用马克思喜欢的表述：异化的技术。"②但他同时又认为，技术异化思想只是马克思主义理论中一个很小的部分，更重要的是，马克思并没有把技术的异化归结为技术本身的异化，而是认为产生技术异化的深层原因是技术在资本主义社会中的应用。马克思认为："一个毫无疑问的事实是：机器本身对于把工人从生活资料中'游离'出来是没有责任的。……同机器的资本主义应用不可分离的矛盾和对抗是不存在的，因为这些矛盾和对抗不是从机器本身产生的，而是从机器的资本主义应用产生的！因为机器就其本身来说，缩短了劳动时间，而它的资本主义应用延长了工作日；因为机器本身减轻劳动，而它的资本主义应用提高了劳动强度；因为机器本身是人对自然力的胜利，而它的资本主义应用使人受自然力奴役；因为机器本身增加了生产者的财富，而它的资本主义应用使生产者变成需要救济的贫民。"③在马克思看来，要克服技术的异化，就必须通过革命重建新的社会秩序即社会主义和共产主义。只有如此，技术自主的特性将会自行消失。马克思的技术异化思想是技术自主论的一个思想来源，温纳从中获得了一些有益的启示。

---

① 马克思，恩格斯．马克思恩格斯选集：第1卷[M]．北京：人民出版社，1995：775-776．

② Langdon Winner. Autonomous Technology: Technics-out-of-control as a Theme in Political Thought [M]. Cambridge: The MIT press, 1977: 36.

③ 马克思，恩格斯．马克思恩格斯全集：第26卷[M]．北京：人民出版社，1975：483-484．

### 3. 埃吕尔的技术自主论

埃吕尔认为，现代社会中各种技术相互交织，形成了一个强有力的系统，整个社会也异化成一个技术社会。技术系统和技术社会是埃吕尔"技术自主性"的理论基础，技术自主意味着技术最终依赖自己，制定自己的路径，遵循它自己的逻辑。这种自主主要表现为技术系统的自增性、技术前进的自动性和技术发展的无目标性。在埃吕尔看来，技术给人规定目标，而不是人给技术规定目标。它剥夺人的自由，把人变成奴隶。如果技术与人类的目标不太相符，如果一个人企图让技术去适合自己的目标的话，一般可以立即看到，修改的只是目标，而不是技术。① 埃吕尔认为，技术的自主性使得其自身成为神圣的东西，而不承认它以外的任何规则、规范和评判。"技术已变成自主的事实给了它一个至上的地位：没有什么在它之上能评判它的东西，它把自己变成了一个超级权威，任何事物都要以技术标准来评判，任何事只要是为了技术就可据此得到肯定。"② 技术的自主性归根到底落脚到人与技术的关系上，在社会生活中技术的活动越多，人的自主性和主动性就越少。技术的自主性越多，人就越没有自主性，自主的技术对人类的自由造成了极大的威胁。由此，"埃吕尔对于未来的看法是：人类将失去自由，陷于技术困境，而在自由被逐走的地方，真正的文明就没有机会"。③ 针对一些学者以民主的方法来限制技术，埃吕尔认为这是一种幻想，根本行不通，因为技术的民主限制要求公众有相应的知识和充分的信息。然而，

---

① 盛国荣. 技术哲学语境中的技术可控性[M]. 沈阳：东北大学出版社，2007：80.

② Jacques Ellul. The Technological System [M]. Translated by Jouchim Neugroschel. New York: Continuun, 1980: 151.

③ 傅畅梅. 伯格曼技术哲学思想探究[M]. 沈阳：东北大学出版社，2010：96.

人们不可能得到充分的信息并拥有完整的实际知识，他们根本没有时间"跟上时代"，自然也就没有办法为自身做出决定，而更多地只能根据舆论宣传做出判断。针对技术困境，埃吕尔曾经提出解决技术问题的五个必要条件，即：（1）要真正认识问题的所在；（2）要摧毁对技术的神化和美化，把技术看做普通的东西使技术世俗化；（3）要教育人在利用技术产品时又独立于技术；（4）要对技术进行哲学的反思；（5）要有与技术专家的交流和对话机会。① 不过，埃吕尔对人类是否具备这些条件摆脱技术的困境并没有抱太大的信心，由于他是一个基督徒，这使得他把摆脱技术困境的希望最终寄托在超自然神秘的上帝身上。埃吕尔的技术自主论思想对温纳的技术政治哲学思想影响很大，温纳曾经坦言，他从事技术和政治理论工作的早期灵感来自埃吕尔的《技术社会》一书。可以说，温纳对技术政治哲学的研究在一定程度上是在继承和改进埃吕尔的技术自主论思想基础上产生的。

**4. 芒福德的"巨机器"**

芒福德是一个全才，他毕生著作颇丰，涉及的领域很多。就技术哲学来说，他是人文技术哲学的代表，主要从人性的角度来讨论技术。芒福德认为，对人的本性的深刻洞察，是我们理解技术在人类发展过程中所起作用的前提。他否认"人是制造和使用工具的动物"这一传统观点，他说："我反对有关人类起源的这种毫无生气的工具论，而且想进一步发挥我的观点，我认为，人类首先还是一种创造了自己大脑的动物，能够自我操控的动物，以及能够进行自我设计的动物。"②在芒福德看来，人与动物的区别不在于制造和使用

---

① 陈昌曙. 技术哲学引论[M]. 北京：科学出版社，1999：248-249.
② 刘易斯·芒福德. 刘易斯·芒福德著作精粹[M]. 宋俊岭，等，译. 北京：中国建筑工业出版社，2010：405.

## 第一节 温纳技术政治哲学思想产生的理论背景

工具,对意义的追求才是人区别于其他动物并得以发展的根本所在。在人性论的基础上,芒福德把技术分成两类:一类即他所赞赏的技术是简单的、家庭作业的、民主的、多元的、生活化的、综合的,一句话,"有机技术";另一类他不喜欢的技术是大工业的、专制的、巨大的、复杂的、一元的、权力指向的,一句话,"非有机技术"。① 后一类技术就是人们通常所讲的"巨机器"(Megamachine)。所谓巨机器,就是与生活技术、适用性技术、多元技术相反的一元化专制技术,其目标是权力和控制,其表现是制造整齐划一的秩序。② 芒福德认为"巨机器"并非始于工业革命,它早在五千年前就已经出现,像建造金字塔和中国万里长城那些组织起来的劳动集体就是这种形式。他认为,现代技术的问题并不在于机器,而在于机器背后的巨机器。在巨机器的淫威之下,人类背离了原来的生活目标,逐渐成为巨机器的一部分,使得人类的前途一片茫然。技术不再是人类为了达成某种目的的手段,而是成了目的本身。"人变成了一种一般要素,使本该服务于人的技术反客为主;而且,各种组织都引入了以提高效率为目标的管理,这样人就变成了可控制的对象。人变成了实现技术目标的手段,技术也变成了一种控制社会和组织的社会技术。"③芒福德推崇心灵的优先性,认为不是技术决定心灵,而是心灵决定技术,因此他对现代技术带来的困境并不绝望,始终对技术时代抱着乐观主义态度。对于技术困境的解决,芒福德认为不能从企业家和工程师那里寻求答案,因为他们只追求技术的效率;也不能从卢梭那样的浪漫主义者那里寻求答案,因为他们在没有完全理解技术的情况下,一味地逃避技术;更不能以发展更新的技术来解

---

① 吴国盛. 芒福德的技术哲学[J]. 北京大学学报,2007(6).
② 吴国盛. 芒福德的技术哲学[J]. 北京大学学报,2007(6).
③ 刘易斯·芒福德. 刘易斯·芒福德著作精粹[M]. 宋俊岭,等,译. 北京:中国建筑工业出版社,2010:452.

决，那只会造成恶的循环。芒福德提出用文化来整合技术，他认为技术带来的诸多问题是人们生活富裕后缺乏更高的精神追求，因此需要用好的文化来整合它。芒福德除了提出要用文化来整合技术外，他还尝试寻求技术的民主化，使技术成为人人共享的技术，也就是他前面所提倡的第一类技术即有机技术。在芒福德看来，"用机体论世界观代替机械论世界观，以尊重生命、尊重人性的多元技术，摆脱巨机器式的单一技术的全方位控制，以生命系统、生态系统为原型的仿生化、非线性、循环化、信息化、智能化的新兴技术，取代机械性、线性、非循环性、非信息化的传统技术，建立起与生态圈能相容的技术圈"①，将是一件多么美好的事。芒福德希望能够恢复人在技术发展中的主体地位，从而实现人与技术的协调发展。然而，要实现他的目标，现实生活中还有很多的困难。不过，芒福德的这些思想对温纳的技术政治哲学思想提供了借鉴。

**5. 法兰克福学派的技术批判思想**

正如温纳所指出的那样，"法兰克福学派的新马克思主义批判的多数作品，聚焦于马克思视野中的人类成就在技术社会中的恶化。在这样的社会中，人确实过着如马克思理论所预言的那种物质极大丰富的生活，但他们的愿望的质量和他们与物质的关系的质量的确不是哲人所想象的那样"。② 法兰克福学派认为，虽然科技的发展带来了资本主义社会的富裕，但是这个富裕的社会却是充满着异化、单向度畸形的社会。可以说，技术批判构成整个法兰克福学派社会批判理论的核心，对技术哲学的发展影响很大。如同高亮华所说："事实上，法兰克福学派对技术的批判构成了其社会批判理论的核

---

① 吴晓江. 芒福德的技术观：破除机器的神话[J]. 世界科学，2004(1).
② 乔瑞金. 技术哲学教程[M]. 北京：科学出版社，2006：173.

## 第一节　温纳技术政治哲学思想产生的理论背景

心。不仅如此，这种对技术的批判在当代哲学一门年轻而又重要的分支学科——技术哲学中产生了巨大的影响。"①法兰克福学派早期的代表人物霍克海默、阿多诺等人审视了发达资本主义国家人们生存的困境，通过对启蒙精神的反思，展开了对技术理性的批判。在他们看来，启蒙精神原本是解放和进步的力量，把人类从神话和迷信的束缚中解放出来，使人真正成为自然和社会的主人，以实现人的自由和整个社会的和谐发展。然而，现实情况是启蒙精神却逐步走向了反面，它成为了新的迷信和新的神话，蜕变为技术理性，成为扼杀人的自由和个性的异化力量。"启蒙的根本目标就是要使人们摆脱恐惧，树立自主。但是，被彻底启蒙的世界却笼罩在一片因胜利而招致的灾难之中。"②马尔库塞沿袭了霍克海默、阿多诺等人的思想，对技术理性展开了更加深刻的批判。马尔库塞认为，在技术理性发展的过程中，"政治意图已经渗透进处于不断进步中的技术，技术的逻各斯被转变成依然存在的奴役状态下的逻各斯，技术的解放力量转而成为解放的桎梏，即使人也被工具化了"。③ 马尔库塞把发达工业社会定义为"工艺装置"，这是一种按技术的观念和结构而运行的政治系统。在这个系统中，虽然人可以过上富裕的生活，但却受到全面的压抑。技术和文明对人实行了全面的统治和管理，从而使得社会成了单向度的社会，生活于其中的人成了单向度的人。单向度的人，即是丧失否定、批判和超越能力的人。这样的人不仅不再有能力去追求，甚至也不再有能力去想象与现实生活不同的另一种生活，这正是发达工业社会极权主义特征的集中表现。在马尔

---

① 高亮华. 技术：社会批判理论的批判——法兰克福学派技术哲学思想述评[J]. 自然辩证法研究，1992（2）.

② 霍克海默，阿多诺. 启蒙辩证法[M]. 渠敬东，曹卫东，译. 上海：上海人民出版社，2003：1.

③ 马尔库塞. 单向度的人[M]. 刘继，译. 上海：上海译文出版社，2006：145.

库塞看来,"技术的进步=社会财富的增长(社会生产总值的增长)=奴役的加强,这是马尔库塞对现代工业社会的一个简单的公式化描述"。① 对于技术困境的解决,霍克海默、阿多诺、马尔库塞分别寄希望于宗教、艺术、本能等非理性东西,并没有提出具体的解决方案,因此他们的技术拯救思想只是一种带有美好愿望的乌托邦。哈贝马斯沿着马尔库塞的思路,提出"科学技术即意识形态"的观点,用对科学技术的批判取代对资本主义社会的批判。他提出了"交往异化论",认为在晚期资本主义社会,"技术统治论"的意识对人性的压抑已经到了极其严重的程度,随着技术对日常生活领域不断的侵蚀和渗透,人际之间的正常交往日益遭到破坏,使得人类的异化变得越来越普遍。他试图重建理性,确立交往理性的合理性,希望通过话语民主建立一个合理化的生活世界,其结果也只能是一种无法实现的乌托邦。不过,哈贝马斯的话语民主思想对温纳技术民主控制思想的提出具有重要的启发意义。芬伯格的技术批判理论以法兰克福学派的技术批判理论为基础,借用建构主义的研究方法,提出了比技术实体论更有洞见的技术政治理论,对于开拓技术哲学的研究视域起到了十分重要的作用。芬伯格引入了"技术代码"的概念,分析了技术形成过程中各方面利益的参与,指出了技术困境产生的原因,提出了技术民主化的解决方案。芬伯格和温纳都是美国同时代有影响力的技术哲学家,芬伯格的技术民主化思想必然会对温纳技术政治哲学思想的形成产生重要的影响。

## 二、技术哲学的经验转向

自20世纪80年代起,技术哲学由于受到科学知识社会学中建

---

① 乔瑞金,焕森,管晓刚.技术哲学导论[M].北京:高等教育出版社,2009:158.

构方法的影响，开始出现强劲的"经验转向"势头。P. 克罗斯认为，"导致技术哲学'经验'转向的理论依据是技术人造物具有二元性。即一方面它是人所设计的物理结构，要受到物理规律的支配；另一方面这个物理结构是为了实现承载着某种意向的功能"。① 技术人造物的二元本性带来了很多哲学问题，长期以来这些问题被置于技术哲学的边缘，甚至被排除在技术哲学之外，而现在要研究这些问题必须基于经验基础上的充分阐述才能完成。"技术哲学的经验转向"研究纲领真正提出是 1998 年，由荷兰埃因霍温理工大学的学者 P. 克罗斯和 A. 梅莱斯在代尔夫特理工大学举办的春季研讨班上提出来的，在他们的积极研究与倡导下，其成为一种真正的经验转向运动。在技术哲学的经验转向研究纲领提出来以后，克罗斯和梅莱斯共同组织编辑了《技术哲学的经验转向》(The Empirical Turn in the Philosophy of Technology) 论文集。汉斯·阿赫特胡斯也出版了《美国的技术哲学：经验转向》(American Philosophy of Technology: The Empirical Turn) 一书。克罗斯和梅莱斯在《技术哲学的经验转向》一书中区分了技术哲学经验转向的三种理解，认为不能把经验转向理解为经验的技术哲学和一种非规范性、描述性技术哲学。前者把技术哲学理解为一种工程实践，将会失去哲学的向度；后者会因技术哲学的研究缺乏价值判断而失去规范。克罗斯和梅莱斯把技术哲学的经验转向理解为一种具有经验根据的技术哲学，在他们看来，技术哲学的经验转向不应被理解为一门经验学科，也不应远离规范性的内容，它应该基于对技术充分的经验性描述之上，来分析技术及其技术的效用。汉斯·阿赫特胡斯在《美国的技术哲学：经验转向》一书中指出传统技术哲学研究范式的缺陷，认为传统技术哲学把技术

---

① 朱春艳，陈凡. 欧美当代技术哲学的"经验转向"：内涵、依据和存在的问题[J]. 东北大学学报(社会科学版)，2005(2).

当做一个整体来研究,研究方式过于抽象化,而忽视了对具体技术的揭示。经验转向将把具体技术作为研究对象,以打开技术的黑箱为目的,注重研究技术与社会的共同演进。该书评述了阿尔伯特·伯格曼、唐·伊德等美国六位技术哲学家的思想,其中包括兰登·温纳在内,从而得出美国的技术哲学已经走上经验转向的道路。

近年来,"经验转向"已经成为技术哲学的一种研究范式获得了大多数学者的共识。对于"经验转向"的认识,大致有这样几个方面:第一,经验转向是一场"运动"。技术哲学的经验转向就是要超越海德格尔式技术批判的局限,在适当经验描述的基础上对技术进行分析研究。这种转向不是单个人的行为,而是一场运动,如同前面所论述的,有一批技术哲学家参与其中。在这一过程中,技术哲学家的研究兴趣将从对技术后果的研究转向对技术自身的研究。第二,经验转向强调研究方法的转变。技术哲学的经验转向也是研究方法的转变,但这种转变"并不是要用分析的方法取代整体的研究方法,而是要将工程分析方法用于人文的传统,将二者结合起来,从而将技术哲学建立在一个可靠坚固的基础上"。① 第三,经验转向是一种新的研究纲领。技术哲学的经验转向与传统的研究不同,它是一种新的研究纲领。这种研究不是从外部对技术进行形而上学的分析,而是要深入到技术的内部进行研究,分析技术的形成、结构和价值等,从而打开技术的黑箱。

当然,技术哲学的经验转向不是把技术哲学转变为经验科学,也不是远离规范性,而是把关于技术哲学问题从结构的中心移向"四周都有经验守护"的结构的边缘,使其成为具有经验根据的技术哲学。在这方面,我比较赞同克罗斯和梅莱斯的观点。通过经验转向,

---

① 李永红. 技术认识论探究——关于技术的现代反思[D]. 上海:复旦大学,2007:7.

使人们对技术的研究建立在坚实的经验基础上,有利于揭示技术本身所特有的哲学问题的新的主题和新的概念框架,从而推动技术哲学的发展。经验转向后,一些技术哲学家纷纷走出校园,进入实地进行案例分析。例如,荷兰埃因霍温理工大学的技术哲学家们在对飞利浦公司LOCOS(氧化硅研究)的案例研究中,对LOCOS制造晶体管和集成电路的技术发展过程进行了认真的分析,揭示了不同类型知识间的联结在LOCOS发展与发明中的关键性,认为技术知识的本质只有通过工程师的实践进行经验性研究才能真正地揭示出来。温纳的技术政治哲学非常重视经验研究,注重案例分析,他不仅是技术哲学经验研究的实践者,而且是技术哲学经验研究的积极推动者。

## 第二节 温纳技术政治哲学思想产生的现实背景

温纳经历了美国政治动荡的年代,也经历了美国技术迅速变革的时代,亲身的经历对于他的技术政治哲学思想的形成起着十分重要的作用。

温纳对技术问题感兴趣是在大学里,在阅读政治、历史和哲学等书籍的过程中他就出乎意料地被技术问题所吸引,并开始关注有关技术方面的系列问题。"我开始探究技术系统的变化怎样去影响个人和公众生活的质;在技术上,人们怎样做选择除开那些'失去控制'没得选择的情形;现代社会怎样与限制问题作斗争;社会和政治理论家怎样尽力去克服科学技术产生的困境。"[①]在大学期间,温纳受到他的老师们的启迪,把学术兴趣和更广泛的人类义务结合在一

---

① Langdon Winner. The Whale and the Reactor:A Search for Limits in an Age of High Technology [M]. Chicago:University of Chicago Press,1986:166.

起。他们鼓励他对政治思想问题进行研究，特别是 Todd La Porte 提出的技术与政治的问题成为他后来研究的焦点。温纳还深受当时的大学校长 Clark Kerr 的影响，Clark Kerr 在他所写的《工业主义和工业中的人》一书中，勾勒出现代社会的本质。在他看来，社会压倒性的信念是推动工业的进步，并且这种信念重塑着整个世界去满足它的目的。在 20 世纪 60 年代的政治运动中，大学被禁止从事政治活动。这时，Clark Kerr 渴望把教育与工业社会的实践很好地结合起来，使得当时加州大学伯克利校园里那些卷入政治活动的学生们包括温纳在内，不仅讨论公民的自由和权利问题，而且还关注制度特征如极权主义和专家治国论等。

温纳对技术困惑的迅速增加是在 20 世纪 60 年代中期的两个暑假，他在五角大楼实习，并担任系统分析师，主要从事技术的审查和评估活动以及防范措施。给温纳印象深刻的是东南亚不断升级的流血战争与理性的无情相对照，建立在政治利害上的决定似乎需要通过最严格的科学分析进行证明。理性的无情给温纳深深的触动，他决定继续深造，在读研究生阶段去研究现代社会这种奇特新趋势的本质和意义。

温纳后来意识到使他对技术和现代困境感兴趣的真正原因还不是在大学时代，而是在代阿布罗峡谷近距离地审视鲸鱼和原子能反应堆的时候。这里是人造物和自然权力的两个有形标志：一个是巨大的动物优雅地漫游在永恒的生态系统里，另一个是仅通过技术社会的复杂机制决定的巨大装置。第一个提供了事物总是如此的图景，第二个是事物的图景快速到来，让他意识到他不知何故已身处其中了。① 这种情形，如同发电机刚出现一样。在 1900 年巴黎世界博览

---

① Langdon Winner. The Whale and the Reactor: A Search for Limits in an Age of High Technology[M]. Chicago: University of Chicago Press, 1986: 168.

会上，发电机第一次得到展出。亨利·亚当斯凝视着这台小小的发电机，感觉"发电机变成一个无穷的标志"，将极大地塑造着人类的文明，并且这种趋势仍在不断加速中。在亚当斯看来，"文明的复杂程度以及它对物质能量的控制似乎是一种加速和再加速的增长率，如此能量和组织不断增长的过程将不理会任何有意识的指导或者反对它的企图"。① 凭自己的直觉，亚当斯对发电机等新技术带来的危险感到深深的担忧。他曾经写信给他的兄弟查尔斯，在信中这样写道："你可能觉得所有这一切是无稽之谈，但是我告诉你这是非常重要的时刻。人类骑上的科学这匹马现在失去了控制。我确信用不了多少世纪科学将成为人类的主人。人类发明的引擎将超出其控制之外。"② 继发电机之后，原子能反应堆的出现就证明了这种趋势。温纳对原子能反应堆的发明表示同样的担忧，认为它存在着巨大的安全风险和不可预知的未来。温纳反对美国政府把原子能反应堆建在代阿布罗峡谷，认为反应堆的建设破坏了当地的环境，并且反应堆建在地震带附近，风险很大，给公众以巨大的恐惧和压力。温纳认为，在代阿布罗峡谷建核能发电厂并不合适。他倡议把原子能反应堆作为原子时代的纪念物而存在，在这里建一个公园，变成人们休闲娱乐的地方。

　　温纳技术政治哲学思想的形成也源于技术的快速发展对他的家乡产生的巨大变化。温纳的家乡正处在旧金山和洛杉矶两个大城市之间，第二次世界大战后的15年，他的家乡田园牧歌式的环境一再受到两大城市技术和社会变化扩散的影响。在很短的时间里，人们就目击到高速公路、超市、喷气式飞机、电视、导弹、特效药、食

---

① Langdon Winner. Autonomous Technology: Technics-out-of-control as a Theme in Political Thought [M]. Cambridge: The MIT Press, 1977: 48.

② Leo Max. The Machine in the Garden: Technology and the Pastoral Ideal in America [M]. New York: Oxford University Press, 1964: 350.

品添加剂、塑料和许多其他方面的革新。大量的电子产品进入家庭重塑了家庭的形式和活动，为了使孩子们回家而不到邻居家去看电视，温纳的父母特地为他们购买了电视机。总的说来，那些年许多技术的发展无疑是有益的，如沙克疫苗避免了人们对小儿麻痹症的恐惧。但是，有些革新给自然和社会带来的变化是值得怀疑的。人们接受生活方式的激进变化，但是对于这些变化他们却很少去讨论和审议。他们大多是技术的梦游者，实际上有许多这样的梦游者纯粹是无辜和无知的。例如，温纳在孩提时代去买鞋时，商家为了吸引顾客，让顾客照X光机。实际上，这对买鞋子并无多大帮助。结果，无知无畏的顾客让脚暴露在X光下，并没有考虑到放射线可能对骨头造成损伤。在那个时代，人们受快速进步的信念所鼓舞，认为新的模式总是优于旧的模式。当然，这种模式不是使技术去满足人类的需要，而是人类需要越来越多地去满足现代科学和技术的要求。那个时期的口号是："我们不知道我们去哪儿，但是我们在路上。"①

由于人类对技术的发展缺乏必要的审议和讨论，从而对技术造成的后果估计不足，由此带来了一系列问题。如大气核试验增加了大气中放射性物质的含量，杀虫剂、除草剂和化学肥料造成了对食品和水源的污染，DDT和糖精损害了人的健康等。但是，人们习惯于技术便利带来的好处而忽视所付出的代价，很少去问技术发展的底线在哪里？最高的限度在哪里？我们社会拥有什么才是最好的？人们理所当然地认为技术带来的变化比以前更好，在他们看来，那是进步，你不能阻挡这种进步。虽然他们也意识到这种变化不知何故超出了他们的控制，但是他们仅仅是旁观者，而不去深究和解决

---

① Langdon Winner. The Whale and the Reactor: A Search for Limits in an Age of High Technology[M]. Chicago: University of Chicago Press, 1986: 170.

这个问题。由于人们的这种态度，技术造成的负面影响越来越大，给人类社会带来了困境。一些有识之士开始寻求用一种新的技术替代传统的技术，从而开启了适用技术运动。由于适用技术自身有无法解决的问题，从而导致适用技术运动失败了。随着新的信息技术的产生和发展，人们对未来的发展充满了期盼，但信息技术并不像人们所认为的那样能带来平等、自由、民主的社会，它也带来了诸多的问题。

总之，温纳对技术实践活动的从事和关注，对技术给家乡带来巨大变化的亲历，对适用技术运动整个发展过程的目睹，对信息技术革命带来影响的经历，这些都为温纳技术政治哲学的产生和形成奠定了现实的基础。

# 第三章　温纳对技术与政治关系的回溯

技术与政治的概念都很复杂，不同的时代、不同的学者有不同的定义。温纳在界定技术概念和政治概念的基础上，对技术与政治的关系进行了回溯。他认为，技术与政治紧密联系，两者之间经历了从古希腊时期治国方略是一门实践技艺到现代技术成为一种制度框架的过程。在他看来，作为一种制度框架的现代技术，目前正深深地影响着人们的生产和生活。

## 第一节　技术与政治概念的界定

### 一、技术的概念

英语中，表示"技术"的有 art、skill、technique 和 technology 多个词。一般来讲，art 和 skill 主要指的是技能、技艺，technique 和 technology 与汉语中技术的意思相当。不过，在英语中 technique 和 technology 还是有所区别的，technique 主要指的是"制"和"做"具体的操作方法，technology 是对各种 technique 的系统研究。汉语中的技术是译为 technology 还是 technique 值得我们研究，但在多数情况下，人们把技术译为 technology。

在中国，"技术"一词最早出自《史记·货殖列传》一文，文中曰：医方诸食技术之人。我国的《辞海》给技术下的定义是："根据生产实践经验和自然科学原理而发展成的各种工艺操作方法与技能。广义地讲，还包括相应的生产工具和其他物资设备，以及生产的工艺过程或作业程序和方法。"《哲学大词典》中的定义则为："技术一般指人类为满足自己的物质生产、精神生产以及其他非生产活动的需要，运用自然和社会规律所创造的一切物质手段及方法的总和。包括生产工具和其他物资设备，以及生产的工艺过程和作业程序。从本质上说，技术是一种劳动的形态，是人类自身功能的对象化的产物。"

西方最早涉及技术定义的是亚里士多德，他把技术看做是"制作的智慧"，认为技术是制造事物的能力，从事物存在的各种可能性中生产出新事物的能力。① 亚里士多德的技术定义具有典型性，它代表了古代西方对技术的理解。近代最有代表性的技术定义是狄德罗，他认为"技术是为某一目的共同协作组成的各种工具和规划体系"。技术哲学的创立者卡普把技术看成是人的"器官投影"，认为技术是人体器官的形状、结构和功能在外界的投影，试图从人类学和文化哲学的角度对技术进行解释。卡普处在工业革命导致技术迅猛发展的时代，他的技术定义代表了工业文明时期对技术的看法。到了20世纪，颇具影响力的技术定义是德国哲学家海德格尔提出来的，他认为技术是"座架"，是引导、促成自然的显露。

除了上述有代表性的观点外，针对技术的定义，不同的学者、学派由于所站的角度不同，提法也各异。如邦格把技术定义为"应用科学"；德韶尔认为，技术就是通过对自然资源的有目的的造型和处理而从思想中引出的现实；波斯特曼认为，技术是一种控制社会的工具文化；梅森把技术解释为"人的解放"；荣格认为，技术是实现

---

① 乔瑞金.技术哲学教程[M].北京：科学出版社，2005：37.

人工格式塔心理的手段；法兰克福学派认为，技术是"意志的物化"，作为意识形态，本身就是对自然和人的统治；工程技术专家认为，技术是"设计"、"设备"、"效率"等。至今，人们在技术定义的问题上还存在很大的争论，并未达成广泛的共识。

温纳也认识到定义技术的复杂性，他指出，给技术下一个明确的定义是非常困难的，因为技术的内涵和外延不断地发生变化。技术的内涵在过去是十分明确的，它指的是一种"实践的技艺"，在18世纪和19世纪还是一个不重要的术语，到了20世纪它的内涵和外延迅速扩张。它从相对明确的、狭窄的、不重要的术语向含混的、宽泛的、十分重要的术语转化。从《韦氏大词典》中可以追溯出其含义的变化，在《韦氏新国际英语词典》第二版(1909)中，这个词的意思是"工业科学，工业技艺的科学或者系统知识，特别是更为重要的制造业"。在《韦氏新国际英语大词典》第三版(1961)中，这个词的定义发展成为"一个民族提供给自身的物质文化对象所运用的各种方法的总和"。① 但是，就是这个定义也显得狭隘，因为它不包括与心理或精神状态改变相关的新技术。

由于技术的内涵与外延的迅速扩展，再加上深受埃吕尔技术哲学思想的影响，温纳比较倾向于广义的技术定义。埃吕尔对技术的定义是在人类活动的各个领域，通过理性获得的(在特定发展阶段)有绝对效率的所有方法。批评者认为这个定义太过于宽泛，会得出技术就是一切和一切就是技术的结论。温纳比较赞同埃吕尔广义的技术定义，也认识到技术定义过于宽泛带来的混乱，同时他反对埃吕尔给技术下一个本质主义的定义。如前所述，技术的内涵和外延不断地发生变化，本质主义的技术定义要囊括所有的技术是不可能

---

① Langdon Winner. Autonomous Technology: Technics-out-of-control as a Theme in Political Thought [M]. Cambridge: The MIT Press, 1977: 8.

的。但是,为了给谈话规则提供一个适度的测量方法,温纳还是对技术给了一个非本质主义的描述。他认为,技术主要包括三个方面的内容:(1)作为器械的技术,包括工具、器具、机器、设备、武器、小配件等;(2)作为方法的技术,包括技巧、方法、程序、惯例等;(3)作为组织的技术,包括工厂、车间、官僚机构、军队、研发团体等。① 从温纳的技术概念来看,他比较倾向于用复数形式technologies。

## 二、政治的概念

"政治"一词的出现有很长的历史,从我国来看,最早出现在《尚书》《论语》《周礼》等古代典籍中。《尚书·毕命》曰:"道洽政治,泽润生民";《论语·为政》中言:"为政以德,譬如北辰,居其所而众星拱之";《周礼·地官·遂人》中有"掌其政治禁令"的说法。不过,最早"政"与"治"并不是联在一起,而是分开解释的。"政"主要指国家权力、社会制度和行政事务;"治"主要指管理公共事务,教化黎民百姓,促进社会安定。在中国古代,政治主要是指君主和大臣统治国家的活动。到了近代,孙中山给政治下了一个通俗易懂的定义,他认为:"政就是众人的事,治就是管理,管理众人的事便是政治。"这一定义有一定的合理性,看到了政治的社会性,但也抹杀了政治的阶级性。中华人民共和国成立后很长的一段时间,对政治的理解基本上没有跳出列宁的阐述,大都围绕着"政治是各阶级之间的斗争","政治是经济的集中的体现","政治就是参与国家事务,给国家定方向,确定国家活动的形式、任务和内容"等方面而展

---

① Langdon Winner. Autonomous Technology: Technics-out-of-control as a Theme in Political Thought [M]. Cambridge: The MIT Press, 1977: 11-12.

开的。改革开放以后，随着我国社会、经济和政治生活发生的变化，对政治的理解出现多元化的趋势。学者张厚安把政治现象与国家政权紧密联系起来，他认为："政治是一个与阶级共存的历史范畴，是上层建筑的主体，是处理和调节阶级、民族、社会集团以及国与国之间相互关系的活动；是围绕夺取、巩固和运用国家政权这一核心问题所进行的斗争。"①王浦劬以利益为基础，从公共权力的角度来定义政治，认为："政治是在一定的经济基础上，人们围绕着特定的利益，借助于社会公共权力来规定和实现特定权利的一种社会关系。"②燕继荣从人类集体生活的组织和安排出发，认为："政治是人类集体生活的一种组织和安排，在这种组织和安排之下，各种组织、团体和个人通过一定的程序(process)，实施对集体决策的影响。"③

西方对政治这一概念的理解可追溯到古希腊时期，在柏拉图和亚里士多德看来，政治是一种德性生活，是探讨什么是最好生活方式的活动。到了近现代，政治成了权力和利益的竞技场。马基雅维利认为，政治就是夺取和掌握权力的各种方法的总和；霍布斯认为，政治是一种权力活动；俾斯麦认为，政治就是当政者运筹帷幄的活动；马克斯·韦伯认为，政治意指力求分享或影响权力的分配；施密特认为，政治是敌我对立；罗伯特·达尔认为，政治为事关权力、权威和控制力的一系列活动；戴维·伊斯顿认为，政治是对于社会价值进行权威性分配的决策活动等。

综合东西方对政治概念的理解，我们可以看到，政治的概念是不断发展的，由于人们所站的角度不同，对政治也有不同的解释。我国学者陈振明对政治的概念进行了比较系统的梳理，在他所编的《政治学》一书中，他列举出一些这样有代表性的政治概念，比如，

---

① 张厚安. 政治学[M]. 武汉：湖北人民出版社，1988：3.
② 王浦劬. 政治学基础[M]. 北京：北京大学出版社，1995：8-9.
③ 燕继荣. 现代政治分析原理[M]. 北京：高等教育出版社，2004：19.

"政治是人际关系中的权力现象；政治是一种公共决策及价值的权威性分配过程；政治就是国家的活动；政治是对社会公共事务的管理；政治是利益集团之间的互动过程；政治是各阶级之间的斗争"。在此基础上，陈振明认为："政治是指参与公共生活的个人、团体或组织为实现既定的目标，通过支配、影响、获取和运用公共权力，而作出公共决策以及分配社会价值或利益的过程。"①温纳对政治的理解和陈振明的定义比较接近，温纳认为："所谓'政治'，我的意思是指权力和权威在公共关系中的分配以及此种分配之下的人类活动。"②在温纳看来，所运用的政治语言是帮助我们讨论自由、公平、公共秩序、人类权利、政治权利和政府权威的语言。

温纳所要讨论的技术政治问题，就是要探讨技术自身包含的权力和权威以及技术对自由、平等、民主等影响的问题。温纳指出："我的研究起点不是关于科学和技术现象的社会学理论中所使用的一组问题。我首先关注的是政治与公共哲学。……我们必须询问：什么是良性的政治社会？什么是公平？什么是自由？什么是合法的权威？哪些社会生活模式值得我们去创造？"③正如一些社会学家所认为的那样，温纳所要关注的是政治学中的"标准性"问题。

## 第二节　技术与政治关系溯源

关于技术与政治关系的思想，温纳把它追溯到古希腊的柏拉图。

---

① 陈振明. 政治学 [M]. 北京：中国社会科学出版社，1999：8.
② 吴国盛. 技术哲学经典读本[M]. 上海：上海交通大学出版社，2008：186.
③ 陈凡，朱春艳. 全球化时代的技术哲学：2004 年"技术哲学与技术伦理"国际研讨会译文集[M]. 沈阳：东北大学出版社，2006：157-158.

## 第三章 温纳对技术与政治关系的回溯

在《理想国》《法律》《政治家》和其他的对话中，柏拉图主张治国方略是一种技术，是实践技艺中的一种。但是这种实践技艺与建筑和编织等技术有所不同，它是一种有着自己特殊知识的实践领域，有着自己特殊的技巧及工作方法。柏拉图把社会生活比喻成航船，把自己比喻成造船工人。造船工人躺在船的龙骨下面开始他的工作并打造船的轮廓，而他则和造船工人的工作类似，只不过是去勾勒人类生活的轮廓。同时，通过对预期问题的思考，寻求生活的意义和方式使我们生活的航船达到最好的目的。可见，柏拉图实际上想寻求实现他作为政治社会设计者和构建者的技能。不过，他的政治理想在当时的社会并没有实现。在柏拉图看来，政治就是一门技术，但与物质技术不同。虽然他重视物质技术的力量，但对它们表示深深的怀疑。在法律上，他把工匠排斥在公民之外，认为工匠已经有了技能，同时，他禁止公民参与任何物质技术活动。因为这样，公民将会产生许多需要。柏拉图对技术的不安思想，被一些道德和政治哲学家延续到今天。

政治是一门技术的观念重现于近代政治思想中。在《社会契约论》中，卢梭运用技术的暗喻阐明宪法制定的技术。他认为，"一个国王仅仅遵循立法者提供的模式，立法者是发明机器的工程师，国王仅仅是开动和操作它的机械师"。① 卢梭比较了立法者和建筑师的工作，认为政治工程师就像建筑师一样。同时，也希望他的思想能影响波兰这些新国家的建立。卢梭的这些思想后来运用在美国国家制度的建立中，美国革命的领导者们争论关于公共制度设计的政治原则，麦迪逊、汉密尔顿、亚当斯和杰斐逊尽力去寻求一种"政治科学"，这种科学的具体指向是为集体组织的行为提供知识。这样，在

---

① Jean-Jacques Rousseau. The Social Contract, translated and introduced by Maurice Cranston [M]. New York: Penguin Books, 1968: 84.

联邦文件里他们从权力、自由、功能、关系等抽象的政治概念移开,讨论具体的政治问题。如权力分配给不同的部门,引进立法平衡和检查机制,建立由有着良好品行的法官组成的法庭制度,公民选举自己的代表进行立法等。其中,在联邦文件中渗透的检查和平衡的思想来自对机器的类比,表明学者们一定程度上看到了作为一个巧妙的政治/机械装置的建造。

在18世纪,当政治家们忙于恢复制定宪法的技术,另一个强有力的制度化模式正在美国和欧洲成形,那就是工业革命对社会的影响。"工业革命以它与众不同的方法非常快地安排着人们、机器和生产资料,影响着政治制度的权力、权威以及男女之间的忠诚。"[①]杰斐逊认识到这种新的力量,并评判它对社会造成的影响。他认为,工业系统的出现与一个稳定的有德行的共和国不协调。按照他的观点,生产的工业化模式会威胁到人们现已存在的精神和生活方式,这是保持一个共和国元气的生活方式。如果这种方式受到了威胁,那么堕落就像溃疡一样,将很快地侵蚀掉美国宪法和法律的精髓。为此,他建议美国人远离欧洲的工厂。杰斐逊的思想呼应了存在于古希腊和罗马著作中的固有信念,即公民的美德和物质的繁荣是相对立的。根据这个观点,人类的本性容易被财富所败坏。这暗示我们,任何社会欲希望保持公民的美德,那就应该对技术革新和经济增长给予最高的警惕。

到了19世纪中期,对技术保持谨慎态度的思想发生了转变,人们认为富足与自由等同。技术被看做福音,因为利用它人们可以迅速地获取财富。美国社会鼓励人们按照自己的意愿去追求他们的经济目标。在他们看来,只要有足够的物质供应,阶级冲突、先前社

---

① Langdon Winner. The Whale and the Reactor: A Search for Limits in an Age of High Technology [M]. Chicago: University of Chicago Press, 1986: 43.

会的民主灾难就能够避免。美国社会中的不平等将不再是问题，物质的富足将会使每个人获得幸福的生活。最后，美国人把这个思想作为一般的应用理论：经济的进取心通过技术进步的引擎推动是人类自由的真正本质。① 这样，在新的制度成形中所采取的谨慎态度被扔进了垃圾箱。政治科学的真理和治国方略开始被抛弃，随后被遗忘。一个新技术的记录者在《科学的美国人》中这样写道："过去的思辨哲学仅仅是给予生命短暂而忙碌的人以空洞的慰藉，现在以科学的眼光看事情，他触及了神圣思想的气息和创造出一个新的世界。"根据这个观点，工业技术的扩张将自动建立一个好社会，唯一真正的紧迫问题是保持技术和经济的效率。如果一个社会不能与世界上最有效率的手段同步，它将落后于竞争者。迷恋于效率是美国人生活中值得尊敬的传统，在美国政治中，一直把提高效率作为重要的公共议题。同时，坚持这个标准作为取得民主的最好途径，而不必把民主作为现存的政治过程。

随着时间的推移，现代工业生产开始产生一些与众不同的制度模式。今天我们审视生产、通信、运输等这些相互联系的系统，会发现它们事实上形成了一个章程，即社会技术秩序的章程。在这个章程中，是如何体现有关权力、权威、秩序、自由和公正等问题的，具体的特征概括如下：

第一，运输和通信技术更适于单一中心或者少数中心的控制。在大型商业企业、官僚机构和军队中，控制是相当集中的，高度集中化的组织正逐渐成为社会的主导形式。

第二，新的装置和技术使得组织化的人类关系朝着最有效率或者有效规模的趋势扩展。越来越多的人发现，在日常生活的物质和

---

① Langdon Winner. The Whale and the Reactor: A Search for Limits in an Age of High Technology[M]. Chicago: University of Chicago Press, 1986: 45.

社会环境中,"巨人症"变成了一种习惯特性,建立在技术基础之上的组织越来越大。

第三,社会技术系统的合理安排倾向于产生它自己与众不同的等级权威模式。工厂不是自由民主的地方,而是赤裸裸专制的场所。历史上那些建立在宗教和传统之上的等级制度开始瓦解,建立和维持技术系统需要恢复金字塔式的社会关系。

第四,大的、集中的、等级安排的社会技术实体倾向于排挤和消除其他人类活动的方式。工业技术使工艺黯然失色,现代农业技术使得小农场无法存在,高速运输排挤低速运输手段不仅使早期这些有效的装置和技术灭绝,而且使个人和社会运用这些工具的生活模式也消失。

第五,大型的社会技术组织运用权力去控制社会和政治的影响,而表面上这些社会和政治影响能够控制这些社会技术组织。例如,在选举活动中,人们利用电视、网络对公众施加影响,与此同时这些活动也受到电视、网络技术的制约。

当我们把今天的技术章程与美国的宪法相比较,会发现美国的奠基者们以古典的政治思想考虑所有的关键问题。他们以审慎的态度对待政府机构的建立,因为他们知道,他们要建立的制度将影响一个国家未来很长的时间。他们认识到一个特殊责任,也就是作为一个明智的政治技巧的责任。他们意识到要履行这个责任,需要很丰富的有关政治制度的知识和对人类动机的敏感性,而这在人类总体的历史上是罕见的。也正因如此,使得美国政府在两百多年来保持了相对的稳定。社会技术章程的奠基者们如企业家、工程师和经理们从一定的意义上讲对政治并不陌生,他们中的许多人曾经参与过激烈的政治斗争去实现他们的目标。但是我们发现,他们缺乏像美国宪法奠基者那样的政治智慧。他们迷失在大型系统的设计、操纵和提高上,有的是利润的追求、组织的控制和革新的乐趣。他们很少去探寻他们的工作对整个社会结构的意义或者对社会公正的影响。在他们看来，自由通过富足来实现。在物质/工具文化领域，无论什么样的创造都理所当然地与自由、民主和公正相容。这等于确信所有的技术，无论它的规模、形式或者情况如何，都是固有的解放。

面对技术的危害，一些人提出了限制技术的观念。假如某种技术出现了如下情况：(1)它的应用威胁到公众的健康或者安全；(2)它的应用威胁到一些必需资源的枯竭；(3)它造成了环境的破坏(空气、土地和水)；(4)它威胁到那些应该受到保护的自然物种和野生地区；(5)它的应用产生过度的社会压力和张力。① 通过技术评估，我们有必要对其进行限制。温纳认为，如此的关注是有效的，关注特殊技术的危害有时是一个更加广泛政治觉醒的开始。然而，大多数人仍然持续地漠视自工业革命起所酝酿的一个问题，那就是，通过技术的变化，我们应该建立一个什么样社会的问题。温纳建议采用一种简单的启发式练习，要求我们认真探究技术所包含的政治承诺。柏拉图的暗喻，特别是他提到的造船工人，是高技术时代我们应该仔细思考的问题：我们应该预先思考我们所设计的船的龙骨，在海上航行时，我们应采取什么样的手段和模式来最好地服务于我们的目的？龙骨，现在指的是通信系统、交通系统、能源供给和分配系统、信息网络、家庭用具、生物医药技术和工业与农业生产过程中的系统等。正如柏拉图和亚里士多德提出的问题，什么是政治社会最好的形式？高技术时代也应该问，什么样的技术形式与我们要建立的社会类型相协调？这些深层次问题可谓针对现实，立足未来，发人深思，但是，在实际生活中人们仍然以效率作为评判技术

---

① Langdon Winner. The Whale and the Reactor: A Search for Limits in an Age of High Technology [M]. Chicago: University of Chicago Press, 1986: 50-51.

的标准。

在我们的时代，技术最终成为了政治，我们的工具构成了制度，这就要求我们对技术革新格外谨慎。"因为技术的革新与社会的重构紧密相关，任何社会均希望控制它自己的结构发展，必须谨慎地关注技术的多种可能性意义。"[1]在现代社会，每一个重要领域的技术组织都可看做为一种政体，我们不得不在其下生活。社会中有很多这样的政体，其结构我们可以作为政治方面的解释。这样，重要的任务变成，我们不是研究技术变化的"效果"和"影响"，而是要评估技术将给我们创造什么样的生活。我们应该尽力设想和寻求技术的政体与自由、社会公正和其他重要的政治目的相协调。假如我们面临着一个内在的不友好的政治技术，温纳认为这种装置和系统应该完全从社会中排除。

针对技术的发展，温纳建议通过民主的方式，公众和他们的代表将审视这个新系统内在的意义。他们需要探求在这个新系统中，谁将获得和失去权力？这个新系统与社会平等、公正和人类普遍的善相协调吗等诸如此类的一些问题。这就需要技术专家和公众进行面对面的对话，这样技术的选择将变成明确的研究和争论。技术构成的工具政体采取何种结构形式往往成为民主争论的焦点。就太阳能来说，对于如何利用太阳能就有很多问题值得讨论。如太阳能是集中使用还是分散使用？如此系统应该建多大？建多少？谁拥有它们？怎样管理它们？它们应该完全自动化吗？所有这些均是关于工具新政体形式的问题。什么样的政体是我们希望建立的？它应该有什么样的物质和社会结构？技术发展是建立在集中、巨大、等级权威等形式上，还是建立在更加弹性、更加民主的原则上。这里有个

---

[1] Langdon Winner. The Whale and the Reactor：A Search for Limits in an Age of High Technology[M]. Chicago：University of Chicago Press，1986：54.

扩展责任和控制给更多人的机会，在我们社会技术的章程中，一个创造多样性而不是一致性的机会。对于系统来说，我们应该考虑其具有一定的弹性。但是，从过去我们经常做的情况来看，由于对效率的追求和受狭隘私人利益的影响，系统的建立往往具有中心化特征。

温纳认为，现代政治思想和政治实践中的重要的失败是没有能力或者不愿意开始实行他这里建议的计划，即对我们社会技术的章程进行批判性的评估和控制。对于工具性政体形式和范围的许多重要选择，温纳希望我们一开始就进行。但是，人们固有的信念是，自由可以通过纯粹的物质富足来实现。他们期望技术的手段，不管是不是畸形的，只希望能以最快的速度创造财富，而不顾技术将把人们带入何种境地。

通过上述分析可见，在现代社会中，技术已经成为了一种制度框架，它对人们的生产和生活产生了重要而深刻的影响。然而，人们在构建这个框架之前，放弃了以前的谨慎态度，一切以追求效率和财富为目标，并没有考虑到这个框架对自由、民主、平等、权力和权威等方面造成的影响，由此带来一系列问题，使人类陷入了困境。

# 第四章 技术专家治国论

在技术的时代，有一种比较流行的思想，那就是技术专家治国论。技术专家治国论亦称"技治主义"（Technocracy），源于希腊文techne（技术）和kratos（权力）两个词。这一词由美国的一位工程师和发明家史密斯在1919年首创，意思是人民通过他们的公仆即科学家和技术人员来进行有效的统治，主张赋予科学精英或技术精英管理国家的权力。温纳对技术专家治国论进行了比较系统的梳理，主要探讨了培根、圣西门、凡勃伦、普赖斯和加尔布雷斯等学者的思想，同时对这一思想的合理性进行了质疑。

## 第一节 技术专家治国论的产生和发展

技术专家治国论有很长的历史渊源，这一思想最早可以追溯到古希腊的哲学家柏拉图，他在《理想国》一书中提出由充满智慧的哲学家来治理国家，也就是"哲学王"。温纳认为，技术专家治国论真正萌芽和开始生长应该是自培根的《新大西岛》发表之后。培根的《新大西岛》是他生前未完成的著作，这一著作体现了他的治国理念。在新大西岛上，所建的所罗门宫体现了培根的规划。所罗门宫是一个科学学会，也是王国之眼，建立它的目的是寻找事物产生的原因，扩大人类王国的边界，以及对所有事物影响的可能性。其成果表现为有关土地、空气、水、动物、鱼类和蔬菜等方面的知识,以及机器和其他一些不可思议的装置。在新大西岛,权力和权威建立在一个新的基础上,真正的管理通过科学家和技术专家的知识、组织和执行,科学家和技术专家被明显赋予自由控制的权力。所罗门宫和它的统治精英也获得权威优势,受到人民的爱戴。自培根起,权力和权威概念的涵义在技术专家统治的著作中基本上保持不变,权力最终是自然本身的权力,通过科学的探究释放和通过技术的发明而产生。相比较而言,所有其他的政治权力之源——财富、公众支持、个人感召力、社会立场、组织利益是弱的。在技术的时代,当人们最直接的控制科学技术的力量成为社会更重要的工作方式时,它们是时代的错误,并最终将走向衰落。权威和权力一样,是知识和非凡绩效的产物。"假如那些人……被授权去管理,那么建立在复杂技术之上的社会将倾向于科学家和技术专家作为合法的统治者。他们的专长和技能将自然而然地获得其他社会成员的尊重。其他更早的权威之源和对普遍善的更早理解——传统、宗教、自然法、契约——必然不可避免地屈从于这个新的合法形式。"①

温纳指出,技术专家治国论的思想通常来源于两种方式:作为乌托邦的猜测或者作为现存政治制度权力转移的说明。第一,技术专家治国论出现在人们对未来世界的设计中,人们的事务通过一个合理的和谐的计划进行完善。第二,这样的观念是人们从历史洪流中得出的结论,无论好坏,社会将不可避免地被一类或另一类科学家和技术专家所统治。② 法国革命表明,一个政治系统的死亡被看做是由技术专家来建立一个技术社会的机会。在圣西门看来,法国

---

① Langdon Winner. Autonomous Technology: Technics-out-of-control as a Theme in Political Thought [M]. Cambridge: The MIT Press, 1977: 139.

② Langdon Winner. Autonomous Technology: Technics-out-of-control as a Theme in Political Thought [M]. Cambridge: The MIT Press, 1977: 140.

革命真正的进步在于技术的革新和政府机关行政技能的发展，这要求一个由工业家、科学家和技术专家组成的管理系统。圣西门把他的技术精英成员安排在议会的三个机构中：发明机构、审查机构和代理机构。发明机构由两百个工程师和少数诗人、画家、建筑师和音乐家组成，将决定法兰西所有的大政方针。审查机构由数学家和纯科学家组成，将对发明机构设计的方案进行判断和掌控政策，完成对审查和平衡的布置。代理机构由实践工业家组成，将作为执行主体去完成计划。值得注意的是，在圣西门的方案里缺少平等或者民主选举的踪迹，挑选议会成员仅仅是根据专业能力而不是通过民众自由地选举产生。圣西门认为，这是因为科学作为有效的预测手段，使得科学家优于所有其他人。他主张，在工业社会中科学家和技术专家应成为社会的管理者。

温纳认为，技术专家治国论的奠基人是美国经济学家和社会学家凡勃伦。凡勃伦在《工程师与价值体系》和《有闲阶级论》等著作中揭露了有闲阶级的寄生性和腐朽性，认为工程师和技术专家才是社会的进步阶层，应该把有闲阶级从统治领域中排挤出去，实现社会的专家统治。凡勃伦相信，现代工业社会的真正统治者应该是技术专家，他们直接对机器的有效运转负责，工程师无论如何事实上在控制着当今社会。① 凡勃伦对于工程师阶级有关它的角色和潜在的权力仍然没有完全觉醒的现实感到悲叹，认为他们没有组织起来从工业领导者那里去夺取控制权。由于工业系统是相互联系和相互依赖的，这容易导致工业系统的危机。凡勃伦希望在工业系统的致命崩溃到来之前，有名望的工程师们能够集中在一起，制订一个共同的行动计划，承担起他们应有的权力和权威的职责。但是，我们看

---

① Langdon Winner. Autonomous Technology：Technics-out-of-control as a Theme in Political Thought [M]. Cambridge：The MIT Press, 1977：144.

## 第四章　技术专家治国论

到，技术精英的成员无论怎样变化，总是排除了社会中的绝大多数人，这些人由于缺乏知识，从而丧失了参与技术社会管理的资格。由技术专家进行统治的原因不是别的，而是因为其他人不具备这个统治的能力。斯宾格勒在《西方的没落》一书中，也谈到了技术专家治国的思想。他指出，凡勃伦注意到了技术专家的重要作用，认为农民、手工业者和商人的作用相对于企业家、工程师和产业工人来说是可有可无的。不过，在斯宾格勒看来，机器大工业的经济使得企业家和工人都成为机器的奴隶，而不是机器的主人。但是，仍然有一类人，斯宾格勒认为，有着足够的知识和技能来处理这种新的问题，这就是工程师，他们是机器的主人。"不仅仅是工业的重要，而且其存在的本身依赖于成千上万有才能的、受到严格教育的人存在，他们掌握了技术并使之不断向前发展。正是默默无闻的工程师才是机器的主人并决定其命运。"①假如培根、圣西门、凡勃伦和斯宾格勒和其他人的认识是正确的，那么建立在先进科学技术上的社会系统，唯一适合的方式就是技术专家的统治。

在温纳看来，技术专家治国论的兴起源于斯科特、普赖斯和加尔布雷斯等人的推动。20世纪30年代初，工程师斯科特对技术专家治国论进行了大力倡导，他不仅领导成立了"技术联合会"，而且还成立了"技术统治党"。斯科特不仅大力倡导，而且还大力鼓吹，这使得技术专家治国论开始流传开来。50年代前后，由于普赖斯和加尔布雷斯等人的跟进使得这一思想风靡一时。

普赖斯认为，科学革命使得公共和私人部门更加紧密地结合在一起，带来公共事务的管理以一个新的复杂的秩序在运行，扰乱了我们政府中的审查和平衡体系。② 他认为，有必要保持把政治和科

---

① Oswald Spengler. The Decline of the West, trans [M]. New York: Alfred A. Knopf, 1928 (2): 504-505.

② Langdon Winner. Autonomous Technology: Technics-out-of-control as a Theme in Political Thought [M]. Cambridge: The MIT Press, 1977: 151.

学作为两类明显分开的活动。他暗示，对于政治的新威胁是科学家用他们无可否认的强有力的知行活动，超越传统的政治制度去建立至高无上的权力。另外，对于科学的威胁是政治强有力地主张它的管理功能和企图去干涉科学真理的探究。新的宪政体制逐渐演变为处理合法的权威和科学职业之间的关系。随着经济与政治权力的融合，政府和企业之间相互依赖，这就引起了边界模糊。科学实际上改变了所有权的性质，人们的政治地位不再建立在他们拥有的财产上，而是建立在他们的知识以及他们掌握的职业技能上。这实际上是传统的专家治国论一个前提的复活，也就是知识相对于财产来说至高无上。经济和政治权力的融合伴随着统治权的扩散，统治权威不再仅仅依赖于立法机构、政府的行政部门或者政党，而是一个由科学家、专业领导人、行政官员和政治家共同负责制定政策的过程，最高的权威由政治家依靠其他人包括政府内外的科学家形成。普赖斯给我们描述了通过科学革命带给美国的一个未成文宪法的一般原则。他认为，在统治权的扩散中有基本的分工，并且主张有四个不同功能的团体：第一，政治团体。这个团体由选举的政治领导人组成，赋予传统的合法权威，这是最直接对公众负责的团体。第二，行政团体。这个团体包括在政府的行政官员和在私人公司的经理，其成员运用其专业技能处理具体的事务，为其上司或者公司主管实现一般的目的。第三，专业团体。这个团体最恰当的称呼是技术团体，由受到专业训练的技术人员构成，处理科学知识在实践中的应用。第四，科学团体。这个团体由在大学、公司、政府的科学家组成，做知识前沿的纯研究，他们的责任是通过最好的方法追求真理和通过科学规律的最高标准进行判断。这四个团体几乎相当于从前政府的三个部门。普赖斯认为，适应时代需要的好政府所遵循的原则是：(1)团体愈接近真理，将赋予更多的自由和自治；(2)接近权力的运用愈近，将更少地准许组织自身作为一个法人实体，而更多

## 第四章 技术专家治国论

地要求服从政治责任的测试,在某种意义上服从于选民的最终决定。① 在美国,这四个团体的现实情况是,有必要提供给科学家工作的自由和自治,但是他们没有运用任何直接的政治权威或者权力。政治家仍然对选民负责,在他们的工作中,他们没有完全的自由,但是能够运用政治权力。专家和行政官员有适于他们位置的自由和责任。与专业团体相比,行政团体运用更多的权力,然而专家拥有更多的独立性,适合他们作为科学应用实践者的角色。同时,审查和平衡的思想渗透其内,这四个团体之间是相互依赖、相互约束的关系。"四个团体在一些方面独立和在另一些方面相互依赖,每一个以决定的效力来保护它自身的利益。然而,为了其成功运作,每一个又依赖于其他三个。这些团体必须一起工作,实际上它们之间相互约束。"②普赖斯希望通过新的多元论的兴起把我们从"无情的专家治国论"中拯救出来,避免自由主义代议制民主毁在科学革命的手上。然而,从普赖斯描述的情况来看,世界的运转几乎依赖科学知识和技术设施。对于一般民众和他们的代表,普赖斯认为,他们过去是美国政治场景的激进力量,现在情况发生了变化,国家真正的激进者是科学家和技术专家。正是他们的工作带来快速的技术变化和社会的进步,他们不声不响地推翻已建立的秩序和建立一个新的不同的政治秩序。斯宾格勒在某种程度上认为,普通人在科学技术的发展面前相形见绌,他不能参与新系统的管理,因为他没有能力理解必要的参与信息,他选举的代表比他们好不了多少,他们也困惑于科学社会的神秘性。普赖斯也认为,一般人不能理解科学,选举出的代表并不比他们知道得更多。最终,普赖斯所描述的管理系

---

① Don K. Price. The Scientific Estate [M]. Cambridge, Mass: Harvard University Press, 1965: 137.

② Langdon Winner. Autonomous Technology: Technics-out-of-control as a Theme in Political Thought [M]. Cambridge: The MIT Press, 1977: 156.

统并不鼓励和期望公众参与，也不依赖任何有效的代表程序，而是通过相互依赖的、自我约束的专业委员会进行管理。

伴随着信息技术时代的来临，技术专家治国论进入了一个新的发展阶段，出现了一批主张专家治国的学者。雷蒙德·阿隆认为生产在社会中起着决定作用，人们在生产中的角色决定了他们在社会权力体系中的地位，而科技又在生产中起着决定作用，因此科技专家必然管理国家和社会。① 艾尔文·古尔德纳在《知识分子的未来和新阶级的兴起》中指出，后工业社会的中心是一个主要从事专业制作的阶级，这个新阶级利用自身的特殊知识来增加其利益和权利，控制自己的工作环境。② 丹尼尔·贝尔认为，在发达工业社会里，社会的中轴已由财产关系转向认识、智力因素；知识成为新的权力基础，掌握新的科学知识、技术的科学家、数学家、经济学家和工程师作为统治者被合法化。③ 在这一时期，主张技术专家治国论的重要学者是约翰·加尔布雷斯，他在《新工业国》等著作中提出，随着工业化社会的不断发展，在我们时代大的、技术先进的公司中，技术专家将越来越多地参与公司的决策和管理。凡勃伦强调权力的转换从企业家到工程师，伯翰姆强调从工程师到经理。加尔布雷斯则认为，权力和权威移向一个比较大的社会团体，这个团体包含了所有具有专业知识、技能或者实践经验的人，他把这个团体叫做技术阶层。加尔布雷斯认为现代工业的实践具有必要的技术规则，而复杂技术则有以下弊端：(1)拉长了一项任务从开始到完成的时间；(2)要求有巨额的资金；(3)提出对资源需求的硬性规定；(4)需要

---

① 李翔宇，刘大为，杨艳. 论科学管理中的专家治国论[J]. 广西师范大学学报(哲学社会科学版)，2011(1)：40.

② 艾尔文·古尔德纳. 知识分子的未来和新阶级的兴起[M]. 南京：江苏人民出版社，2006.

③ 杨华. 丹尼尔·贝尔的科技治国论思想[J]. 理论探讨，2008(5)：62.

有专业的人力资源；(5)要求有高度发达的组织结构。① 在这些规则中，技术阶层能发挥其专长。在加尔布雷斯看来，工业系统中最重要的是计划，而计划的制订和执行需要专业团体。加尔布雷斯希望技术阶层的根本目标是取得自主权，这是他通过观察现实生活中的许多实例得出来的。技术阶层寻求控制的独立性，在公司和所有与其相关的经济和社会领域内，技术阶层去克服所有干涉和限制其活动的条件。加尔布雷斯把他有着自主权的技术阶层的基础落脚于技术自主因素上，假如X公司的技术阶层在技术规则设置的环境下不能进行创造性活动，那么相类似的作决定的团体必定将在Y公司或者Z公司。② 经济竞争的传统类型经常排除在这个新的安排之外，但是寻求设计最有效技术的观念仍然存在。根据加尔布雷斯的观点，资本主义企业尽力追求更高的利润和排除竞争者，技术阶层则有强烈的愿望确保其团体的成功。提高个人在团体中的地位，在于给公司带来更多的增长。他认为，在技术社会中技术阶层扮演着重要的角色，与此相伴，不可避免地是技术阶层雄心勃勃地追求政治权力的控制。技术阶层的手伸向国家，不是通过一些自私的设计，而是通过满足新的大规模技术系统的需求。当公司不能通过它自己的权力来完成它的目标，它就依赖政府的权力，通过政府和公司之间的利益协调来实现。政府和公司紧密结合，它们之间的界限就变得模糊不清。"两者都需要一个稳定的经济，持续的经济增长，强大的国防和科学技术持续的推进，政府机构和公司组织紧紧联系在一起，

---

① John Kenneth Galbraith. The New Industrial State[M]. New York: New American Library, 1968: 2.

② Langdon Winner. Autonomous Technology: Technics-out-of-control as a Theme in Political Thought[M]. Cambridge: The MIT Press, 1977: 164.

它们的界限经常变得难以区分。"①加尔布雷斯认为,在新工业国家中整个工业网络具有一种自动编程机制,并不回应人们的需要。我们需要尽力与工业系统的需求相一致,国家的政策将屈从于这类需求,教育将适应工业的需要,所有其他目标看起来是奢望的、不重要的或者反社会的。早期的技术逻辑是选择合适的手段适应目的,而现在恰好相反,是目的去适应手段。当然,他认为可以采取措施去限制技术结构的影响。加尔布雷斯指出,没有其他救世主,在科学的世界里科学家必须承担起对科学和技术后果的责任。科学和教育团体将成为普遍的人类阶级,扛起真理和价值的大旗。加尔布雷斯贬低公司所有者的影响,认为权力将落到公司和社会的技术阶层手中,整个资产阶级将退居幕后。他指出,公司股票持有者是如此大量的、无组织的,不可能重新取得他们先前至高无上的统治地位,技术阶层实际上控制着权力。

总之,在温纳看来,普赖斯提供的方案是强调团体间权力的平衡,选举权给予那些知识丰富的人和促使他们相互合作。加尔布雷斯的方案是主张资本所有者失去权力,权力应归于技术专家。但是,在新的环境下他们都没有给民主政治的可能性或者代议制政府以希望。在他们看来,社会建立在复杂的科学技术之上,真正的投票建立在对技术高度理解的基础之上,有这种理解能力的只能是专家。一般市民、消费者、小股票持有者,所有这些人在关键政策的决定上失去重要的角色。通过对普赖斯和加尔布雷斯思想的理解,让人非常自然地渴望一个学识更加渊博的精英,如一组开明的规划者、技术的评估者和系统的设计者等,使得共和国回归到一个理智、人道的路线。然而,温纳认为,"寻求精英忽视了许多真正重要的东

---

① Langdon Winner. Autonomous Technology: Technics-out-of-control as a Theme in Political Thought [M]. Cambridge: The MIT Press, 1977: 165.

西，更大和更有趣的问题吸引着我们"。①

## 第二节 对技术专家治国论的质疑

从一定的意义上讲，技术专家治国论是与人们生活的时代相呼应的一种对技术进行控制的有益见解。它有助于我们理解社会的技术系统是如何运作以及科学家、工程师和技术专家们在其中的重要角色和作用。从其中表达的一些思想来看，是有其合理成分的。正因如此，直到今天，仍然有人对其表示支持。然而，从总体来看，其自身是有缺陷的。

技术专家治国论看上去比较符合精英理论，精英理论已被很多学者所探究，在他们的研究中，政治学家审视大量的迹象去决定一个精英是否出现和活跃在一个特定的位置上，这里，我们仅仅讨论技术专家治国论著作中所指向的管理精英，即个人直接或间接地在公司和政府中扮演重要的角色。根据他们的研究，作为精英成员应该拥有：(1)类似的社会背景；(2)共同的意识形态；(3)普遍权力的欲望；(4)与其他成员交流的能力和采取一致的行动；(5)直接获得社会中的控制位置。一个精英，换句话说，通常定义为一个有结合力的社会团体并有意寻求政治权力。② 然而，根据上述条件去判定政治精英，科学家和技术专家并不满足这种样式。温纳指出，"他们并没有共同的社会立场、一致的意识形态或者任何统治阶级的意识。他们既不具备也没有认识到团结的需要……他们想拥有广泛的

---

① Langdon Winner. Autonomous Technology: Technics-out-of-control as a Theme in Political Thought [M]. Cambridge: The MIT Press, 1977: 172.

② Langdon Winner. Autonomous Technology: Technics-out-of-control as a Theme in Political Thought [M]. Cambridge: The MIT Press, 1977: 148.

社会或者政治权力，这看起来对于他们是完全陌生的。相反，他们关注他们具体的职业，他们组织起来和追求他们的利益在职业的背景之内"。① 现实情况表明，技术专家并没有形成一个一致的有凝聚力的精英团体，也没有尽力获得在任何当代政体中对政府行为控制的优势，有的是局限在自己狭小的职业圈子里去寻求利益和权力。可见，尽管某些社会和机构较之其他大多数社会和机构显得更具有技术专家统治的色彩，但是让技术专家进行统治仍然是不现实的。

在温纳看来，技术专家治国论对自由主义构成了直接的挑战。自由主义的一个中心思想是，寻求建立一个负责任的和有着响应性的代议制政府。在技术专家治国论的理解中，真正的管理活动没有大众参与的位置，所有重要的决定、阐述的计划、采取的行动均在他们的理解之外。假如民主的大众在决定系统的过程中有直接的声音，那将会导致系统的混乱和无序。"技术专家本身是人类，他们理解人类的基本需要，没有必要提醒他们。在使用新的装置和技术更好地去改变和创造世界的过程中，公众的声音仅仅是某种无知的挑剔。"②这是一种自由主义政治学不能接受的立场，需要通过一些方式来表达公众的期望，并对技术专家的权力进行限制。虽然公众没有处理复杂技术系统的知识，但是他们的代表能够掌握这一领域和保持自由民主的统治。技术专家治国论回应这种代表的思想是白日梦，因为那些管道已经阻塞。公众的代表像公众一样将不可避免地碰到同样的命运，也就是功能性非相关。表面上，他们能够对技术系统的目标进行立法和审查，但是效力是非常有限的。由于缺乏专业知识，实际上他们不能使系统有效地运转，他们只是一个摆设而

---

① Langdon Winner. Autonomous Technology: Technics-out-of-control as a Theme in Political Thought [M]. Cambridge: The MIT Press, 1977: 148-149.

② Langdon Winner. Autonomous Technology: Technics-out-of-control as a Theme in Political Thought [M]. Cambridge: The MIT Press, 1977: 147.

已。技术专家治国论排斥公众的民主参与,温纳对这一观点持反对态度。温纳认为,公众可以参与技术的民主决策,与技术专家进行民主协商,以取得较好的效果。在他看来,丹麦对技术进行评估的共识会议一定程度上的成功就证明了这一点。

更为重要的是,在温纳看来,在社会的技术系统越来越复杂和技术知识越来越专业化的今天,技术专家能否控制技术是值得怀疑的。因为技术专家只是某一领域的专家,要精通所有的技术是不可能的。正如埃吕尔所言,"技术人员自己能够控制技术吗?这里的麻烦是技术人员总是一名专家,除了他自己的技术外,丝毫不能声称已控制了任何别的技术"。①

在技术专家治国论下,虽然微观上能带来社会专业化职能越来越完善,但从宏观上会导致社会总的方向发生迷乱,从而产生国家治理中的整体性问题。技术专家治国论会使部分知识分子处于特权地位,造成一个新的特殊利益群体的产生,导致政策决策向该群体倾斜,损害其他社会群体和成员的利益,形成新的社会不平等。由于技术专家过多考虑的是技术性问题,忽视社会发展的其他因素,排斥公众的民主参与,带来环境污染、生态破坏和人性压抑等诸多社会问题。因此,寻求技术决策的民主化就成为一些人所追求的目标。

---

① Jacques Ellul. Philosophy and Technology [M]//C. Mitcham. The Technological Order. The Fress Press,1983:89.

# 第五章　人类面临技术统治的危险

温纳认为,在技术社会中讨论"什么在统治?"比"谁在统治?"的问题更能揭示真理。他指出,在现代技术社会,不是什么技术专家在统治,而是技术在统治着。技术是统治的来源,它有效地支配着所有形式的现代思想意识和活动。现代技术导致了人类的目的和要求重新规定,使得人这个表面上的"主人"对技术这个假定的"奴隶"有了一种病态的依赖。技术带来了人的生活方式的巨变,作为假定"奴隶"的技术越来越严厉地把它的准则强加在人类这个"主人"的身上。然而,大多数人对技术的这种趋势几乎无动于衷,他们处于技术的梦游之中,对技术的设计、发明和后果缺乏必要的反思,使得技术这个"奴隶"有逐步成为人类"主人"的危险。

## 第一节　弗兰肯斯泰因的难题

弗兰肯斯泰因的难题很好地喻示了人类目前面临的技术困境,给人类在技术方面不负责任的行为敲响了警钟。弗兰肯斯泰因的难题是一个有关人类技术的创造与权力之间模糊关系特定的现代比喻,来源于玛丽·雪莱写的一部小说,这一词取于小说的主人公弗兰肯斯泰因。弗兰肯斯泰因孩提时代,对探索自然现象背后产生的原因比较着迷。长大后,他探究炼金术和其他神秘的现象。当他发现对

第五章 人类面临技术统治的危险

这些问题的研究无益后,便迅速转向培根和牛顿的新科学。他遵循数学和自然哲学的原则探究自然的奥秘,最终发现了生殖和生命的原因,并且能够把生机赋予无生命的物质。

在某一个晚上,弗兰肯斯泰因制造出一个具有人的感情和理性的生物,但在外表上却是个丑八怪。当他看到这个生物睁开眼睛和开始呼吸时,代替他的不是对自然力征服的喜悦而是担忧。当这个人形怪物来到弗兰肯斯泰因的卧室准备与他讲话时,怪物惶恐仍不能接受他带来的生命。弗兰肯斯泰因逃出他的实验室,他逃避了自己的责任,没有返回他的实验室和没有采取任何措施照顾他制造的怪物。对于他制造的这个人形怪物,他痛苦、懊悔和恐惧的声明听起来特别无力。这个人形怪物后来自己离开了实验室,逐步掌握了语言,并在两年之后找到了他的制造者弗兰肯斯泰因。这里,给我们提供的论据是:"强调一个未完成的、不完美创造物的危险,印证了创造者持续的义务,描述了进一步麻木和忽视的后果。"①这个人形怪物与弗兰肯斯泰因相遇后并与之争论,他斥责弗兰肯斯泰因把他带到这个世界,却不能使他成为一个正常人融入人类社会,也不承担对他的义务,甚至还想杀死他。既然这样,那为什么还要给他以生命?他希望弗兰肯斯泰因答应他的条件,否则他将进行报复。弗兰肯斯泰因考虑到在这个问题上他自己是有责任的,于是他答应了人形怪物的要求并准备给他制造一个女性伴侣,他希望技术产生的问题将通过技术的方法来解决。但是,在制造的过程中,弗兰肯斯泰因想到这将会给人类带来更大的危险,因为她可能繁衍一个怪物种族和群体,会把人类消灭得干干净净。于是,他把自己没有完成的女性人造人毁掉。人形怪物提醒弗兰肯斯泰因,"你是我的创造

---

① Langdon Winner. Autonomous Technology: Technics-out-of-control as a Theme in Political Thought [M]. Cambridge: The MIT Press, 1977: 309.

者,但我是你的主人"。① 人形怪物发誓报复,并在弗兰肯斯泰因的婚礼上杀死了他的新娘。弗兰肯斯泰因试图寻找并毁灭他的人形怪物,但过了很长一段时间都没有成功,后来由于生病死在海上的航船上。最后的场景是凄惨的,人形怪物对着弗兰肯斯泰因的棺材自言自语,随后漂浮在一个冰筏上,并宣布他将在弗兰肯斯泰因的葬礼上自杀。

玛丽·雪莱一方面惊叹来自自然奥秘发现和驯服的力量,另一方面发现这种力量背后引起的麻烦。在这个故事中,问题真正的危险是:困境产生在一个没有足够关注的语境中。② 弗兰肯斯泰因是一个发现者,但是他拒绝思考他发现的意义。他创造了新的东西,但是对他的创造物缺乏关注。虽然后来他克服了自己的消极态度,但他行为的结果已经变得不可逆转,他发现自己在不能选择的命运面前变得无能为力。弗兰肯斯泰因的问题折射出我们当前整个社会的一种文化,起初,所有技术的发展反映了人类智力、创造力和关注的最高特质。但是超过某特定点,技术的功效变得很明显,这些特质就开始越来越少地影响最终的结果;智力、创造力和关注实际上对于技术塑造世界的方式停止了任何真正的影响。目前,整个社会弥漫着无知、不负责任和盲目的技术取向,人们以傲慢的态度改变世界而不顾后果。他们运用器械和各种技术手段,并没有注意到这些工具出人意料地重组了他们的生活方式。同时,不断增长的技术形式使人们相互隔绝,削弱了人的潜能。大规模的技术系统颠倒了手段和目的之间的合理关系,使得现代人不得不被动地适应技术,"人类创造的也能够改变"的格言已经变得日益不可信。

---

① Langdon Winner. Autonomous Technology:Technics-out-of-control as a Theme in Political Thought [M]. Cambridge:The MIT Press, 1977:311.

② Langdon Winner. Autonomous Technology:Technics-out-of-control as a Theme in Political Thought [M]. Cambridge:The MIT Press, 1977:313.

## 第五章 人类面临技术统治的危险

自培根以来,科学技术作为工具使用的观念本质上并没有发生变化,普遍作为正确的技术行为模式被人们所接受。最初的进步通过启蒙、全人类的教育和持续的科学技术的发展来实现,最终技术的观念占了上风。进步逐步与技术成果的扩张领域相连,这被广泛理解为一种不可避免、自我增加善行的过程——自主的变化指向一个称心的目的。① 在这些占支配地位的信念和态度之外,存在着更基本的东西。从一定的意义上说,所有的技术活动包含着一个内在指向遗忘的趋势。一个人不想重新构建、发展或者熟悉技术,一个人不想干扰它的结构或者它内在的工作原理,一个人仅仅想获得技术物的用途,购买到的商品不必知道工厂或者分配网络,能量的使用不必知道它在生产和传送过程中存在的大量可能性联系。技术允许我们忽视我们自己的工作,它许可遗忘。在它的领域内,所有重要过程的真实情况被掩盖、隔绝和远离我们的关注。这比任何东西都重要,我确信,这是人类处理技术手段非常被动的真正来源。② 技术有点像玛丽·雪莱小说描写的人形怪物,它是未完成的创造物,几乎被遗忘和缺乏关注,迫使它以自己的方式存在于这个世界。以技术现在的状态,它时常作为噩梦回报我们——一个反映我们自身生活的有奇特生命力的自主的力量,残缺的、不完整的,并不完全在我们的控制之下。③ 除非,那些建立和维持技术秩序的人们愿意重新考虑他们的工作。弗兰肯斯泰因难题的产生受两个完全相反信念的影响:第一,他将制造一个不可否认的完美的人造物;第二,

---

① Langdon Winner. Autonomous Technology:Technics-out-of-control as a Theme in Political Thought [M]. Cambridge:The MIT Press, 1977:314.

② Langdon Winner. Autonomous Technology:Technics-out-of-control as a Theme in Political Thought [M]. Cambridge:The MIT Press, 1977:315.

③ Langdon Winner. Autonomous Technology:Technics-out-of-control as a Theme in Political Thought [M]. Cambridge:The MIT Press, 1977:316.

他的发明是一场灾难，什么也不能做。① 弗兰肯斯泰因的难题揭示了人们对技术的态度以及人类可能面临的技术困境，如果人们对技术不进行反思，急功近利，有可能使人类从所谓的"主人"变成技术的"奴隶"。

## 第二节 作为生活方式的技术

当前，技术影响我们生活的每一个角落，人们的生产、生活和思想无不受到技术的波及，导致了整个社会和人类的生存出现了技术化的趋势。正因如此，温纳认为，技术已成为人们的生活方式，这也是温纳对技术的本质理解。温纳把技术视为生活方式，这一思想主要受到马克思的历史唯物主义、埃吕尔的技术环境思想和维特根斯坦的语言游戏说的影响。

温纳认为，技术作为生活方式的观点最早出现在马克思的著作中。在《德意志意识形态》的第一部分，马克思和恩格斯就探讨了生产的物质条件和个人之间的关系。他们认为，人们生存手段的方法，首先依赖于他们实际上已发现的生存手段和再生产的性质，这种生产模式不仅仅作为个人肉体的再生产，而且还再生产了个人活动和生活的特定方式。这里的生产是一个非常广泛的概念，它揭示了技术革新带来的社会变化仅仅用"副作用"或"影响"来解释是不够的。马克思进一步指出，当改变物质资料的生产方式时，我们也改变了自身。他认为，当人们运用工具和技能，工作在不同的岗位上，生产和消费产品，他们的活动应适应自然和人工环境中的物质条件。

---

① Langdon Winner. Autonomous Technology：Technics-out-of-control as a Theme in Political Thought [M]. Cambridge：The MIT Press，1977：316-317.

在这一积极参与世界的创造和再创造、生产和再生产过程中，人们意识到人类的存在不能回到最初的生产模式。马克思在"关于资本的章节"中扩展了这一思想，他认为，生产力的发展导致了人类个性多方面的发展，劳动因此不再作为劳动而出现，而是作为自身活动的全面发展。假如一个人拥有木匠的工具和物质资料，他能够在木匠活中发展他的个性。假如一个人能够运用产生音乐的工具和技术，他能够成为一个音乐家。也就是说，有什么样的劳动形式就会产生什么样个性的人。马克思期望在现代生产条件下，人们将广泛地参与活动去多维度地丰富自己的个性，当然这种期望在资本主义社会是不可能实现的。因为资本主义社会并不是一个好的社会，只有到了共产主义社会才能够实现人的全面发展。马克思的这些思想表明，特定的生产方式产生特定的生活方式，技术的变革会带来生产方式以及生活方式的变革。

温纳的技术本质的思想还受到埃吕尔技术本质观的影响。埃吕尔认为，人类环境的发展经历了自然环境、社会环境到技术环境的过程，技术已经成为一种环境这是埃吕尔的技术本质观。埃吕尔认为，作为环境的技术不仅改变了人们的生活，而且还改变了人的思维。现代人一出生就被技术环境所包围，他们天天同技术打交道。由于长期生活在这样的环境中，他们不必知道自然是怎样，但必须知道工厂和怎样横过马路，以及做好从事技术职业的准备。同时，生活在技术环境中的人总是不自觉地以技术的眼光看待问题，习惯于把一些问题看做是技术问题。一个非常典型的例子是 Madame P. Sartin 在 Le Monde 上发表的一篇文章，文章的标题是《妇女在我们社会中的地位：一个技术问题》。① 从埃吕尔的思想可知，人存在于技

---

① 梅其君. 埃吕尔与温纳的技术本质观之比较[J]. 自然辩证法研究，2006(08).

## 第二节 作为生活方式的技术

术环境之中,技术环境对于人的生活、思维观念和人性起着重要的塑造作用。温纳显然受到埃吕尔的启发,但他却认为埃吕尔的技术环境论太强。同埃吕尔相比,温纳的思想相对比较温和,他认为技术并不是一种环境而是一种生活方式。

技术的本质是一种生活方式,温纳选择"生活方式"这一术语来表达技术的本质,主要源于维特根斯坦在《哲学研究》中对这一概念的阐述。在维特根斯坦后期的著作中,他力图克服语言是为事物和事件命名的极端狭隘的观点,指出表达的丰富性和多样性或者"语言游戏"是日常语言的一部分。维特根斯坦认为"语言表达是活动的一部分,或者是一种生活方式"。① 他给出不同的例子如猜谜语、编故事、检验假说等,这些例子显示出语言游戏参与各种各样"生活方式"的广泛范围。在温纳看来,维特根斯坦"生活方式"的术语有助于我们克服一个普遍和极端狭隘的概念,即我们对技术在人类生活中意义的通常理解。

从广义的技术概念出发,温纳认为技术已成为人们的生活方式,这是温纳技术的本质观。技术已成为人们的生活方式的主要思想是:技术并不是中性的工具,不同的技术对人和社会进行不同的塑造,在现代技术的发展过程中,我们的日常生活被技术设置的角色所改变,个人习惯、感知、自我的概念、时间和空间的观念、社会关系、道德和政治的界限被强有力地重构。而传统的观点认为,人类对技术物的关系显而易见,以至于不值得我们进行认真的反思,因为技术是一种工具,是我们用来达到某种目的的工具。通常,人们关注技术的是两个领域:生产和使用。对生产的关注集中于"技术物怎样工作",制造和维护人工制品以有助于人类的活动和保持它们正常的

---

① Langdon Winner. The Whale and The Reactor: A Search for Limits in an Age of High Technology [M]. Chicago: University of Chicago Press, 1986: 11.

工作秩序,这是发明者、专家、工程师和修理工的工作领域。而其他人关注的是工具的使用,一旦事物被制造出来,我们偶然地联系它们以达到特殊的目的。例如一个人为了通话而拿起电话,一个人为了从一个地方到另一个地方而乘飞机,这里的电话和飞机只是他们达到某种目的的工具。工具能够"好地或坏地使用"和"用于好的或坏的目的",一把刀既可以用来切面包,又可以用来作为犯罪杀人的凶器。显然,技术物具有双重用途,但是这种双重用途并不取决于技术物,而取决于人的使用,就技术物本身来说是中性的。

然而,现代社会的大量实践向我们展示,技术不仅仅有助于人类的活动,而且作为强大的力量重新塑造那些活动的意义。新技术的出现改变了原来的生产和生活方式,重构了社会角色和社会关系。机器人的引入对于工业不仅提高了生产效率,而且极大地改变了生产过程,重新定义了在那个环境中"工作"意味着什么?当一个复杂的新的技术或仪器用于医疗实践中,它不仅改变了医生的诊断模式,而且也改变了人们对待疾病健康和医疗护理的方法。通信、运输、制造、农业等技术的普遍改变大大不同于人类以前的时代,我们以前倾向于仅仅把它们看做技术实体,现在我们开始探讨它们怎样广泛地影响我们的社会和道德生活。① 技术装置倾向于产生它们自己独特的世界在实际生活中有很多例子,温纳就谈到汽车的出现对人们生活影响的典型事例。比如,两个人在街上沿着同一方向行进,一个步行,另一个驾车。行人有某种运动的弹性,他可以停下来看看商店的橱窗,和旁边的人进行交谈,从路边的花园摘一朵花。而驾车者虽然可以跑得快一些,但是要受到汽车空间、道路规则等方面的限制。假设这两个人是邻居,驾车者看到他的朋友在街上走,

---

① Langdon Winner. The Whale and The Reactor: A Search for Limits in an Age of High Technology [M]. Chicago: University of Chicago Press, 1986: 6.

希望跟他打招呼。他放慢车速,按喇叭,伸出头,对着街上喊,被叫的邻居环顾四周尽力寻找谁在叫他。驾车者大声喊叫,想邀请他的邻居星期六一起吃晚饭。由于街道上太嘈杂,邻居尽力去理解驾车者的意思。这时,后面一辆车按喇叭催他走,不能再说了,驾车者只得走了。这儿我们看到了汽车的冲突,冲突发生在驾驶者的世界和行人的世界之间。问候和邀请以前通常用一个手势就可以了,现在被技术装置和它的标准操作环境使之变复杂了,两个人之间的交流被两种不相容的运动形式(步行和汽车驾驶)所塑造。在洛杉矶,人们出行的习惯是驾车,步行将可能受到警告。曾经有个年轻人,由于深夜喜欢在大街上行走,结果作为怀疑对象反复被警察抓住。虽然后来法院判定行人无罪,因为他没有参与任何违法行为,但在另一方面,我们看到,汽车的出现的确对人们的生活造成了重要影响。

  作为操作部分的人类技术系统的建构带来社会角色和关系的重构,通常这是新的技术系统自身操作的要求:它不能工作,除非人类行为的改变去满足它的形式和过程。① 现在,我们日常生活中离不开电话、汽车、电灯和计算机,我们生活在电话、汽车、电灯和计算机的世界里。可以设想,离开了它们,我们的生活将无法想象。"当它们成为日常生活的存在,我们采用的装置、技能和系统放弃它们的工具特性变成了我们人性的一部分。从一定意义上说,我们变为在生产线上工作,用电话交流,用袖珍计算器计算,吃加工过的食品,用强力化学品洁净我们家的人。"②技术革新能够根本改变人们生活的一般模式,甚至有时产生完全不同的新的模式,经常带有

---

① Langdon Winner. The Whale and The Reactor: A Search for Limits in an Age of High Technology [M]. Chicago: University of Chicago Press, 1986: 11.

② Langdon Winner. The Whale and The Reactor: A Search for Limits in an Age of High Technology [M]. Chicago: University of Chicago Press, 1986: 12.

令人惊奇的结果。电视在我们社会扮演的角色就是一个显著的例子，早期很少有人把电视带入家中，曾计划用这个装置作为婴儿的保姆，而现在这已成为了电视机的最一般的功能了，假如在20世纪30年代，有人预测人们最终每天看7个小时的电视，可能觉得荒唐可笑。但是通过调查表明，美国人现在每天大约花费三分之一的时间看电视。电视机中的节目成为了人们在工作场所、学校和其他公共场所的习惯性话题。从更大的意义上说，电视机不知不觉地影响着人们的感知、思想和行为，变成现代文化不可磨灭的一部分。

虽然技术给我们的日常世界带来巨大的变化，但是我们很少去关心那些变化意味着什么。人们对技术的判断往往是建立在狭隘利益的基础上，注意新的装置是否服务某种特定的需要，比以前的装置更有效率，产生更多的利润或者提供更方便的服务。只是后来出现了一系列令人吃惊的"负面影响"或者"附带后果"，我们选择的正确与否才变得清晰。但是，我们的文化对技术的参与很少倾向于探究、讨论或者判断，对未确定的创新以宽广、敏锐的眼光意识到那些变化的意义。温纳把这种状态称之为技术梦游，这与技术决定论是不同的。技术决定论认为，技术革新是社会变化的根本原因。而温纳认为，技术并不是不存在着选择，只不过是人们在实际生活中并没有引导技术的意愿。他指出，在我们的时代，有趣的问题是我们如此心甘情愿地梦游于技术对人类环境重塑的过程中。为此，温纳要求我们在从事生产的过程中，要探寻这样的问题，我们正在创造什么类型的世界？这暗示我们不仅要关注工具的发明，而且还要关注作为任何重大技术变化一部分的心理、社会和政治环境的塑造。我们要知道，我们将设计和建造的环境是扩大了人类的自由、自治和交际活动，还是与此相反。温纳认为，我们必须认识到我们正在制造的责任。

## 第三节 技术的政治性

作为生活方式的技术并不是中性的工具，它负荷着价值，甚至是政治价值。我们对技术物的评价不能仅仅根据效率或者对环境的影响上，还要看它所体现的特定形式的权力和权威的方式。

温纳认为，各种不同的技术系统与现代政治交织在一起，这是显而易见的事实。但是，如果认为技术本身就带有政治性，这听起来多少有点荒谬。在传统思维者看来，人具有政治性，而物没有，像钢筋、水泥和集成电路这些东西是客观中性的，我们不能从中分辨出自由和压迫、正义和非正义。因此，对于那些轻率地主张技术物带有政治特性的人，通常给予他们的严厉规劝是：重要的不是技术本身，而是技术植根于其中的社会或经济体制！① 这句话的意思是，不是技术自身，而是社会因素对技术的发展起决定作用，这是一种技术社会决定论的思想，它是有其合理性的。对于那些主张技术决定论的人来说，这是一剂解药。因为，在技术决定论者看来，技术是一种独立的因素，其发展是内部动力机制的唯一结果，技术变革是引起社会变革的最重要因素。但是，技术社会决定论也有其自身的缺陷，强调社会因素的作用，把技术物放在不重要的地位，而忽视了对技术物自身的考察。在温纳看来，技术本身的确具有重要的政治意义，有一种理论叫做技术政治学，它以人造物为研究对象，注意对技术对象的特征及其意义进行揭示。这样的做法并非是对技术社会决定论的取代，而是一种必要的补充。温纳通过对技术

---

① 吴国盛. 技术哲学经典读本[M]. 上海：上海交通大学出版社，2008：185.

人造物的政治特性进行系统的分析和研究，认为技术带有政治属性表现为这样两种方式：第一，政治性外在地赋予技术，"发明、设计或特殊装置和系统的配置成了一种在特定社群中解决事务问题的方式"。① 第二，有着政治本性的技术即技术内在地具有政治性，"它们是一些似乎要求以特定种类的政治关系为前提，或者与之高度兼容的人造系统"。②

在第一种方式即政治性外在地赋予技术中又有两种情况：其一，有意识地赋予政治意图的技术。典型的事例是摩西建造的天桥。在美国纽约长岛公园的大道上，人们发现过街天桥格外低。这些天桥的设计者是摩西，其原因是阻止公共汽车上公园大道。这些天桥是他有意这样设计和建造的，以使坐小汽车的白人上层和中产阶级能到公园去消遣，而把坐公共汽车的黑人和穷人挡在公园之外，这体现了摩西的阶级偏见和种族歧视。可见，摩西天桥不仅仅是一个技术物，而是一种设计人与人之间关系的方式，它暗含着社会的不公。在建筑、城市规划和公共建设中有很多类似蕴含政治意图的例子。巴黎宽阔的大道是在路易·拿破仑指导下设计建成的，是为了避免出现像1848年革命期间的街头斗争。许多美国校园里奇异的水泥建筑和巨大的露天广场，是20世纪六七十年代为平息学生示威游行而建的。在工业机器和仪器设备的技术革新上，我们常常认为是为了追求效率，其实有时并非如此。"技术变革包含着一整套的人类动机，其中一个重要方面（并非是最小的方面）就是，某些人意欲支配另外一些人，即使这可能有时在成本上要做出点牺牲，并且违背试

---

① 吴国盛. 技术哲学经典读本[M]. 上海：上海交通大学出版社，2008：186.
② 吴国盛. 技术哲学经典读本[M]. 上海：上海交通大学出版社，2008：186.

### 第三节 技术的政治性

图由少获多的常规。"① 例如，在 19 世纪 80 年代中叶，芝加哥的麦考密克公司引进了一个新机器，从标准经济学来看是为了提高效率，实际上引进的新机器由不太熟练的工人操作，生产的产品比原来的质量差而且成本要高。这种新机器的添置不为别的，而是为了清除那些组织芝加哥地区铸工联盟的技术熟练工人。新机器使用三年后就抛弃了，但是它已经达到了解散联盟的作用。从这些例子中，我们看到了技术配置的重要性，并且这些技术物的配置先于它们的使用。显而易见，技术能够以加强权力、权威甚至赋予一些人之于另一些人特权的方式来使用。"如果我们用来评价技术的道德和政治语言仅仅包括关于工具和用处的范畴，如果它不包含对人造物品的设计和安排的意义的关注，那么我们将看不到许多在理智上和实践上都至关重要的东西。"② 其二，无意识地带来政治影响的技术。如加州大学的研究人员在 20 世纪 40 年代末期研制出一种叫做"番茄收割机"的机器，这种机器实现了番茄收割的机械化，大大提高了效率，降低了成本，但是番茄口味不如以前，并且彻底重塑了加州农村地区番茄生产所涉及的社会关系。由于这种机器体积庞大，售价太高，仅仅适合于高度集中化的番茄种植模式，导致番茄种植者人数减少，番茄产业的工作机会也大幅减少。可见，番茄收割机在给大种植业主带来好处的同时，许多农村的农业社区却成了牺牲品。加州农村法律援助会的律师对加州大学有关农业机器（例如番茄收割机）提出诉讼，认为大学将纳税人的钱用在使得少数人获利而损害了农场工人、小农场、消费者以及广大加州农村的研究项目上，并要求法庭阻止这项研究。而加州大学认为这些指控不合理，并指出如果接受

---

① 吴国盛. 技术哲学经典读本[M]. 上海：上海交通大学出版社，2008：187.

② 吴国盛. 技术哲学经典读本[M]. 上海：上海交通大学出版社，2008：188.

了这些指控，那么就意味着必须废除所有具有潜在实际应用的研究。番茄收割机的发展并不是某些人密谋的结果，并且收割机和种植此类番茄的始作俑者也没有推动这个产业经济集中化的意图。但是，我们却看到这样的一个社会过程，"科学知识、技术发明和集团利益以一种根深蒂固的模式互相强化，这种模式带有毋庸置疑的政治和经济权力的烙印。大学所开展的农业研究，倾向于迎合大型农业综合企业的利益。……收割机不仅仅是社会秩序的标志，它在馈赏一些人的同时也惩罚了一些人；而事实上，它也就是那种秩序的具体体现"。① 从这个例子我们可以看到，无意识的技术变革导致了社会关系的变化，其结果是对某些社会群体而言，可能是突出的进展，而对另一些利益群体而言，却意味着明显的退步。但是，我们也应该看到，虽然某些技术变革是无意识的，但从总体来说，要受到整个社会价值偏向的影响。

在第二种方式即有着政治本性的技术中大致也有两种情况：其一，某种既定技术可能与一种特定的社会政治关系高度兼容，但后者对它来说并非是必需的。对于太阳能来说，许多太阳能的提倡者认为，此种技术比基于煤、石油和核能的能源体系更加适合于一种民主和平等主义的社会；然而，他们并不主张任何有关太阳能的东西都要求民主。② 因为，太阳能的使用既可以采用分散型的，也可以采用集中型的，它具有一定的弹性。其二，对既定技术系统的采用必然要求获得和维持一套特定的社会条件作为该系统的运作环境。这种情况是说，"一些技术要求建构其社会环境，就像汽车为了行驶需要轮子一样。如果不满足技术系统的一定的社会和物质条件的话，

---

① 吴国盛. 技术哲学经典读本[M]. 上海：上海交通大学出版社，2008：189-190.

② 吴国盛. 技术哲学经典读本[M]. 上海：上海交通大学出版社，2008：194.

它就不会作为有效实体而存在，这一要求并不是逻辑的，而是现实的要求"。① 柏拉图和恩格斯都持这样的观点。柏拉图认为，海上航行的航船需要船员无条件服从船长的命令，管理一个国家如同管理一艘船的船长一样，需要强大的权威。恩格斯主张强大权威在现代工业中的必要性，他在1872年写的《论权威》《论专制》一文中明确指出："高度专制是现代工业的必要条件。……如果人类借助其知识和发明的天赋而征服了自然力量，那么后者就会通过专制来报复人类，这种专制使人类受支配、受奴役并且它独立于所有社会制度之外。"在恩格斯看来，由于工厂中的各项任务需要相互协作和配合才能完成，工人们必须接受一套严苛的规则，并且服从工厂管理者的管理，否则生产就会中断，这种情形不会因社会制度的改变而改变。当代的一些人也持相类似的立场，正如一位当代学者杰里·曼德（Jerry Mander）所言："如果接受核电厂，也就接受了技术——科学——工业——军事的精英分子。因为如果没有这些人的操作，就没法获得核电。"②在这里温纳还举了一个典型的例子，那就是原子弹。温纳认为，"原子弹是一种具有政治本性的人造物，只要它存在，其致命的特性就要求它被一种集中的、严密的指令系统所控制，避免任何意外操作的可能。原子弹的内在社会系统必须是权威主义的，别无他途。这里的事态就是一种实践必然性，它独立于任何原子弹植根于其中的更大的政治体系，也不受政权的类型和统治者性格的影响"。③ 在这两种情形中，温纳认为前者具有一定的灵活性，后者不具有灵活性。"在第一种情形中，我们了解到，一项设备或系

---

① 刘桂英，任玉风. Winner 的技术政治性思想评述[J]. 价值与文化研究，2004(1).

② Jerry Mander. Four Arguments for the Elimination of Television[M]. New York: William Morrow, 1978: 44.

③ 吴国盛. 技术哲学经典读本[M]. 上海：上海交通大学出版社，2008: 195.

统的设计和配置的特征,可以为建立给定条件中的权力和权威的模式提供方便的工具。这类技术在其物质形式方面具有一定的灵活性。在第二种情况下,我们考察了某些难以控制的技术特性如何强有力地,甚至不可避免地与特定的权力和权威的制度化的模式联系在一起。"①由于第一种情形具有一定的灵活性,因此我们在理解这些技术对社会造成的后果时,必须考虑到影响它们选择设计和配置方案的社会因素。而第二种情况不具有灵活性,一旦选定了某项技术,就不会有其他替代性方案产生与其显著不同的后果,即使社会制度的更替也无法改变这种状况,因为最初的技术选择对后果产生了决定性的影响。

根据以上的论述,我们叫做"技术"的东西也是建立世界秩序的方式。我们选择了某些技术实际上就选择了一种结构,它们在很长一段时间内影响着我们的生产、生活以及思维模式。很明显,我们应该在特定的工具、系统或技术第一次被引进的时候进行合理的选择,因为这个时候选择的自由度最大。一旦最初的选择被做出,这种选择将被牢牢固定于物资设备、经济投资以及社会习惯之上,原先所具有的弹性会因此而消失。在这种意义上,技术革新如同制定法案或者政治纲领,它们建立公共秩序的框架,这种影响会持续很长的时间。正因如此,如同我们给予政治的规则、角色和关系的关注一样,我们需要给予技术物同样多的关注。"社会中人的划分和联合的问题不仅仅是在制度和政治实践中被确定的,而且也是在钢筋和水泥、电路和半导体、螺母和螺钉的实际配置中被确定的,尽管不那么明显。"②温纳认为,在对技术变革做出选择时,影响社群中

---

① 吴国盛.技术哲学经典读本[M].上海:上海交通大学出版社,2008:198.
② 吴国盛.技术哲学经典读本[M].上海:上海交通大学出版社,2008:191.

## 第三节 技术的政治性

权力、权威和特权的相对分配的选择大致有两种，第一，最重要的是对技术的发展做出"是""否"选择，就是我们要不要发展某项技术，如建设核电站、高速公路和发展高科技武器等，支持和反对它的理由如同能否通过一项重要的新法案那样重要。第二，发展一个技术系统的决定已经做出之后，我们还要做与该系统的设计和配置特征有关的选择，这种选择在很多情况下也是至关重要的。如一家单位获准建立巨大的电网之后，仍然会有如何进行线路布局和如何对高塔进行设计等方面的重要争论。"现今有关技术和政治最有趣的一些研究集中于尝试着以一种细致和具体的方式来揭示，公共运输系统、水利系统、工业机器以及其他技术中貌似无关痛痒的设计特征，是如何在实际上掩饰了具有深刻意义的社会选择。"①

由于技术并不是中性的工具，其自身具有政治性。要实现社会和政治生活的理想，必然需要不同技术形式的存在，技术形式的确在很大程度上塑造了人类活动的基本模式和内容。温纳要求我们对技术自身给予更多的关注，同时不可忽视技术物所处的社会语境。"我相信，我们应当更多地关注技术对象本身，但这个信念并不意味着我们可以忽视这些对象所处的社会语境。如柏拉图和恩格斯所强调的，一艘海上的航船要的是船长和一帮服从的船员。但是一艘停在港口的没有投入使用的船，需要的只是一位看守。要搞清楚哪些技术、哪种社会环境对于我们是重要的以及为什么如此，这必须同时理解特定的技术体系以及它们的历史，也要充分领悟理论的概念和争议的要点。"②然而，现实情况却是，人们往往乐意制造生活方式的戏剧性变化来适应技术革新，而同时却抵制类似的政治上的变

---

① 吴国盛. 技术哲学经典读本[M]. 上海：上海交通大学出版社，2008：190-191.

② 吴国盛. 技术哲学经典读本[M]. 上海：上海交通大学出版社，2008：199.

更。人们对技术的选择缺乏必要的慎重，对技术具有政治性的观点漠然视之，甚至斥之为一种谬论。正因如此，我们不满足于习惯而试图对技术物获得一个更加深刻的认识，就变得相当重要的了。

## 第四节 技术的自主性

技术与人类之间有关主—仆关系的本质及其具体的表现形式是温纳技术政治哲学思想关注的中心话题。在温纳看来，"技术的各种各样的、具体的变化如何影响了社会的进程，应该是历史学家的问题。而我们所要关注的是人类的自主性和控制权的丧失问题"。① 温纳综合考察了现代技术方面有关主—仆悖论的主要观点，这些观点主要有：(1)人类已经处在一种对其技术人造物极端甚至病态依赖的境地；(2)随着复杂技术形式的采用，出现了一个置于个人和社会之上的准则，这个准则比历史上任何其他相应的安排更加严格和苛刻；(3)在社会实践背景中的技术倾向于以其自身为目的，或倾向于重新定义既有的目的以满足于它们自身运行的要求和特点；(4)社会中复杂技术的出现倾向于改变和支配那个社会中所有人的思想习惯、动机、个性和行为；(5)作为一种整体现象的技术手段，其矮化了人类的意识，使得理应由人类操纵和控制的系统难以理解；根据超出人类控制范围仍能按照其自身内在构成成功运行的这一趋势，技术构成了"第二自然"的总体现象，它远远超过了任何个别部分的愿望或期待。在温纳看来，人类对自然的征服是以技术对人类的征服为代价而实现的。

---

① Langdon Winner. Autonomous Technology：Technics-out-of-control as a Theme in Political Thought[M]. Cambridge：The MIT Press，1977：45-46.

## 第四节 技术的自主性

温纳通过质疑人们习以为常秉持的三种观念，认为技术已经处于人类的控制之外并具有某种自主性。这三种观念具体表现为：第一，人类最了解他们自己的创造之物。"由于人类是他们创造物的设计者和制造者，他们有他们创造物结构的精确知识。他们确切地知道怎样组合和拆分这些物品。"①第二，人造之物处于人类的牢固控制之下。"人类所创造的，他们也能控制，这是一般的常识。毕竟控制是技术创造物实际设计的一部分，装置和技术的设计有明确的目的，通过有意识地操纵等手段，人类能够取得预先设立的目标。尽管发现工具的有效性需要一段时间，但是发现它们并不困难。技术手段的真正本质仅仅是工具服从于任何人运用它们的意愿。"②第三，技术在本质上是中性的。"按照传统的思维方式，适合于技术的道德语境是完全清楚的，技术仅仅是一个工具。人们对工具的处理方式当然是在于'使用'它们，工具自身是完全中性的——手段对于目的。不论完成的目的是明智的或是不明智的、善的或是恶的、有利的或是有害的，它都必然独立决定于所使用的工具。"③

针对以上的观念，温纳表示怀疑，认为这些观念并不可信。首先，人们对他们自己的技术了解有多彻底？温纳认为，由于技术知识在现代社会是如此的高度专业化和扩散，大多数人只能掌握其中的一小部分，每个人对其身边的技术活动和技术装置在很大程度上并不理解。即使是专家，对自身领域之外的知识也了解甚少。当一台复杂的机器坏了，必须让一个了解其机理的人将机器恢复正常。控制思想的一个意思是一个人对事情的来龙去脉和全部设备的使用

---

① Langdon Winner. Autonomous Technology: Technics-out-of-control as a Theme in Political Thought[M]. Cambridge: The MIT Press, 1977: 25.

② Langdon Winner. Autonomous Technology: Technics-out-of-control as a Theme in Political Thought[M]. Cambridge: The MIT Press, 1977: 26.

③ Langdon Winner. Autonomous Technology: Technics-out-of-control as a Theme in Political Thought[M]. Cambridge: The MIT Press, 1977: 27.

## 第五章　人类面临技术统治的危险

有完全的预见。在这个意义上，技术社会中的控制是越来越罕见的，人们对自主技术的抱怨常常是这样："我不理解正在发生在我周围的一切。"① 其次，人们控制技术究竟达到什么程度？温纳认为，从一定的意义上讲，控制几乎是不可能的。在人类生活的所有领域，一个持续加速的技术革新过程给自然和社会带来了大量意想不到和无法控制的后果。大规模的技术系统像高速公路、能源和网络等系统，好像有一种内在的动力在推动，它们并不按照人类预期的目标运转。换言之，一些已经扩展的人类对世界控制的技术，其自身是难以控制的。因此，关于自主技术的报告有时是这样的："机械装置并没有按照预期运行；奴隶不愿服从命令。"② 最后，技术是满足人类目的的中性工具吗？对于这一问题，温纳认为他已经不能给予肯定的回答。在温纳看来，技术并非是中立的，我们的技术并不能经常实现我们赋予它们的目的和意图，它们似乎常常抗拒预想的目标或标准的指引。温纳指出，"我们的技术手段时常呈现出自我延续或自我增生的特性，在技术网络系统中人们仍然保持着名义上的地位，但是他们已经失去了积极的、直接代理人的角色，他们倾向于不加批判地遵循其所谓控制的技术系统的规范和要求"。③ 可见，技术中性是个神话，它负荷着价值，甚至是政治价值。从以上控制丧失的证明来看，我们对技术手段控制、理解或判断的能力在下降。技术有着自身的逻辑，支配着自身发展的过程、速度和目标，远非受人类所希望的理性目的所控制。正是在控制丧失的情况下，自主技术的思想找到了其根基。

---

① Langdon Winner. Autonomous Technology：Technics-out-of-control as a Theme in Political Thought［M］. Cambridge：The MIT Press，1977：28.

② Langdon Winner. Autonomous Technology：Technics-out-of-control as a Theme in Political Thought［M］. Cambridge：The MIT Press，1977：29.

③ Langdon Winner. Autonomous Technology：Technics-out-of-control as a Theme in Political Thought［M］. Cambridge：The MIT Press，1977：29.

## 第四节 技术的自主性

温纳认为,现代技术有不同于以往技术的特点,正是因为这些不同的特点才使得现代技术具有自主性,现代技术特点可归纳为:(1)人工性:人类居住的物质世界是一个人造的合成物。大量以前依赖"传统"或者"自然社会团体"的社会现在根据预想的计划重建。团体、关系、角色甚至人们的个性现在大部分受到有意识的技术操纵。温纳认为,这个新时代最重要的事实可能是人们实际上正在重新建造这个世界。① 由于人工构造必须得到维护,人工性带来的一个后果是人类将为这个世界承担更多的责任。(2)扩展性:从真正意义上讲,技术装置扩展了人类的能力,如人的五官、移动、力量和行为能力等都通过技术得到了强化。显微镜提高了人们探索微观世界的能力,望远镜提高了人们探索宇宙的能力,起重机、挖掘机提高了人们改造世界的能力,交通运输系统提高了人们移动的能力,通信系统扩展了人们远距离看、听、说和表达自己的能力等。当然,扩展性也给人类带来了副产品那就是远离性。(3)合理性:合理性的概念是技术社会必不可少的概念,但是它的意思还没有取得广泛的一致。它可理解为,一种理智的状态;一种行为的方法;世界上事物的安排等。合理性是一个合理的条件或者逻辑秩序或者任何工具的稳定结构或者任何技术的动态操作,合理性在这个意义上是指某种能够以有条理的设计进行建模或者以有条理的操作规则编程。韦伯认为,在所有社会历史中作为变革的线性过程是稳定的智力设计逐步征服非理性的元素以达到支配所有的人类存在。合理性的另一个定义是手段对目的的适应。合理性也被理解为一种效率,如果某事以最小的消耗产生想要得到的结果,那么它就是合理的。这是技术合理性的经济学标准。由于经济学目前在很大程度上受技术的影响,

---

① Langdon Winner. Autonomous Technology: Technics-out-of-control as a Theme in Political Thought [M]. Cambridge: The MIT Press, 1977: 178.

埃吕尔认为这个标准成为了普遍的社会规范，适合于社会生活的所有领域。合理性的这些概念不一定相容，在某种意义上是合理的东西，从另一种意义看也许是不合理的。(4)规模和集中：现代技术作为大规模、高能耗、高资源消耗的系统需要大量资本和有一定技能的劳动力的投入，规模小、本地化的传统技艺已失去了生命力。导致现代技术的集中并且规模越来越大主要受两个因素的影响：第一，技术的运行需要各个部分形成一个整体，技术的扩张导致规模扩大；第二，大规模的技术系统能够降低成本，提高效率。小规模企业与完成相同生产功能的巨型网络相比，运行成本是非常高昂的，从最佳投入与产出方面来看，这是完全不合理的。(5)分工：技术把世界分开和重新组合在一起，在这个过程中，准确的分工是绝对重要的。生产的机械化意味着将劳动分解为其部分的运作，劳动分工是技术革命的基础。(6)复杂的相互联系：分开的各个部分需要重新结合，任何技术装置或者组织的有效运行需要各部分结合在一起以形成一个合理的功能整体。这些部分之间有多样的、不同的相互联系，从而导致技术系统的复杂性。技术系统的复杂性给人类带来了难题，虽然自然也是复杂的，但自然构造能够自我调节、自我维持，而技术系统这种人造复杂结构人类必须对其合成、管理和持续的保养负责。"几乎没有任何事实表明人造理性系统建造后能够独立运行，它们需要持续地关注、复原和修理，永远保持警惕是人对此要付出的代价。"①(7)依赖和相互依赖：大量最重要的互联部分有一个相互依赖的关系，技术系统的性能依靠秩序和相互依赖部分的有效贡献。在一个日益依赖的技术社会或者世界系统中，所有部分的相互需要是同等的。"一个完全相互依赖的技术社会将是一个没有等级或者阶

---

① Langdon Winner. Autonomous Technology: Technics-out-of-control as a Theme in Political Thought [M]. Cambridge: The MIT Press, 1977: 183.

级的社会。但依赖和相互依赖的区别指向一个技术秩序部分的等级安排,这一安排包括了社会因素。在每个运行系统之内,一些部分比其他部分更重要。负责整个系统规划和控制方向的部分比那些负责日常技术工作的一些小的方面更重要。"①在温纳看来,大规模的人—机系统正常的运转需要等级结构。(8)中心化:由于不同的功能单位需要相互协调,这就要求大规模的技术网络系统实行中心控制。说某物是中心化,这意味着它的运行需要中心的指导。技术系统的中心既可能是地理位置上的,也可能是功能上的。地理位置的中心指的是技术手段摆脱了地理位置的限制,受控于一个单独的管理机构。功能的中心指的是外围的部分和人依赖于一个制订计划和发布命令的中心。虽然一些观察者预言,共掌权力的分散模式是未来的潮流,但与中心控制的成功相比,这些反倒是微不足道的。(9)崩溃性:由于现代技术系统是紧密联系和相互依赖的,其中的一个部分停止工作,将使整个系统停止工作和引起混乱,如1973年中东战争后爆发的石油危机就是一个警醒的教训。在那些重视技术崩溃性的人的眼里,系统保持正常的运行是一个道德的律令。技术崩溃性的威胁极其重要,它对系统的威胁是长期的,这种威胁令人极端恐惧。

在这些特点的基础上,温纳提出了技术命令(technological imperative)和反向适应(reverse adaptation)这两个核心概念,以自己独到的见解去探讨技术的自主性问题。这里的"technological imperative"有不同的译法,主要有"技术规范"、"技术律令"、"技术绝对命令"和"技术命令"等,根据对全文的理解,我认为译成"技术命令"比较合适。

---

① Langdon Winner. Autonomous Technology: Technics-out-of-control as a Theme in Political Thought[M]. Cambridge: The MIT Press, 1977: 184.

## 一、技术命令

技术命令,指的是技术结构操作的条件需要重建它们的环境。这类操作要求纯粹是工具性或者经济性的,而与任何神秘的力量无关。工具性条件包括那些装置自身内在结构的建立和维护,技术成功的运用需要相关的其他技术,没有大量系列技术和组织的联系,装置就毫无用处。技术之间的相互联系构成了一个依赖链,这种依赖链需要既定技术操作的各个方面相互需要和相互交织。经济要求是那些关于资源的供给——能源、物质、劳动力、信息等方面的要求。技术的革新将时常产生以前不存在的稀缺。以前对于特定的实践没有成为需要的东西现在变成了必需的资源。例如,在心脏移植技术发明之前,心脏一个人一个,不存在稀缺。然而,随着心脏移植技术的出现,器官立马变成了稀缺的商品。

温纳认为,技术命令包含一定的逻辑,这一逻辑不是演绎的,而是必要行动的实际合理性。假如你想要 X 和假如你选择适当的手段对付 X,那么你必须提供实施这一手段的所有条件。换言之,你不仅必须提供手段而且必须提供手段所需的全部手段。[①] 如果不按照技术的命令,将产生严重的后果,装置将不能正常工作。例如,在汽车作为社会生活的一部分之前,我们要考虑到制造、修理、油料供应和公路等条件,否则就会出问题。正是因为这个原因,一旦最初的选择做出,行动必须持续直到整个系统的手段达到它正确的定位为止。"技术命令力量的增强通过它与人们生活必需品的联系表现出来。某些技术手段是人类生活的基础,不提供它们将导致不舒

---

① Langdon Winner. Autonomous Technology: Technics-out-of-control as a Theme in Political Thought[M]. Cambridge: The MIT Press, 1977: 101.

服、痛苦甚至死亡。为此,技术命令不仅是一个功能性要求,也是一个道德标准,是一个区分好与坏、合理与不合理、理智与不理智的方法。它告诉我们对于持续的生存和幸福什么是必要的,任何企图否定这种必要性只能是恶意、愚蠢或者疯狂的表达。"①如果我们在日常生活中选择运用许多电子设备,这就需要我们千方百计地保证电力的供给。我们必须建立许多电厂去满足这种必然需要。否则的话,很多事情我们将无法去做。技术命令的逻辑进一步放大,导致工业革命的发展也符合这个逻辑。由于机器在纺织业和其他工业部门的应用,增加了对煤炭和蒸汽发动机的需求,机器自身和蒸汽发动机需要大量的铁,进而导致对煤炭的需求增加。这就需要建立工厂以及从外地运来大量的原材料,于是又导致铁路和蒸汽船的出现。技术要求和经济要求的系列扩张是技术更新发展的一个重要方面,技术发展的逻辑是变化导致变化。当然,技术命令的适用范围并不仅仅限于工具或者经济的改变,技术革新的变化触及社会的每一个维度,例如,引起人们的习惯、习俗、思想和政治制度等方面的变化,没有什么东西不受到技术的影响。在传统观点看来,技术是一种满足人们需要的工具,社会按照其需要安排技术系统,技术系统是具有响应性和弹性的。然而事实并非如此,由于技术系统的规模、复杂性和相互依赖性,使得技术系统并非具有响应性和弹性,而是具有难以克服的刚性和惯性。"技术系统有自己确定的,必须得以满足的运行秩序,它不是对政治或社会过程产生的要求作出反应,而是对社会提出要求,社会必须满足它。"②

技术命令从一定的意义上讲是结果先于原因,它要求技术革新

---

① Langdon Winner. Autonomous Technology: Technics-out-of-control as a Theme in Political Thought[M]. Cambridge: The MIT Press, 1977: 102.

② 梅其君. 技术自主论研究纲领解析[M]. 沈阳:东北大学出版社,2008:89.

之前必须有预先满足的前提条件。技术系统的真正结构包含了一个内在的趋势,那就是建立的复杂的相互联系往往在个人最初的期望之外。在技术命令之下,一个人不总是预先知道一个新技术承载的要求,甚至最敏锐的选择也可能是盲目的。一个社会被迫沿着这条路线,不得不进行大量的投资,它没有选择和无法回避。① 但这并不是说在技术和社会的变化中没有选择、指导或者控制,而是这些变化在选择之外。温纳对技术命令概念的揭示,深化了人们对技术创新后果的理解,有助于加深人们对现代社会发展规律的认识。

## 二、反向适应

温纳认为,现代技术系统并不积极回应人类的指导,反而人类要适应现代技术系统的需要。"目标、目的、需要和决策理应决定技术,在重大情形下不再是技术指导的真正来源。技术系统最初服务于人们设置的目的,结果是重组了人们自己和人们的环境去满足他们自己操作的特殊条件。人造奴隶逐渐颠覆了它主人的统治。"②这一观点打破了传统的工具论思想,在传统的工具论看来,手段应去适应所设定的目的。在工具论思想的影响下,人倾向于相信在想要的东西和它完成的手段之间有一个非常明显的联系。一个人开始在脑海中预想一个目的,然后决定用一个合适的工具或者工具的组织去达到那个目的。接下来,工具的实际使用建立在它成功运用的过程中。最后,一个人根据最初的目的去判断取得的某种结果。但是,从现代社会的实际过程来看,目的和手段的直线观念时常不能实现。

---

① Langdon Winner. Autonomous Technology: Technics-out-of-control as a Theme in Political Thought[M]. Cambridge: The MIT Press, 1977: 104.

② Langdon Winner. Autonomous Technology: Technics-out-of-control as a Theme in Political Thought[M]. Cambridge: The MIT Press, 1977: 227.

### 第四节 技术的自主性

假如有人坚持从人们从事的所有技术活动中寻找这种线性关系，他将非常失望。一项技术革新会产生多种结果，也有可能产生既不是我们期望也不是我们选择的结果。可见，认为手段适应目的需要的观念是有问题的。

针对在现实技术实践中目的和手段这种颠倒的情况，温纳把它叫做反向适应，即人类目的被调整去迎合可用的手段。反向适应的基本假设是："超过某种技术发展水平，自由清晰地表达，强烈主张目的的支配是不再允许的奢侈品。"① 温纳指出："我们已经发现人们适应他们工作组织的秩序、纪律和速度作用的论据。甚至更重要的是，人们以接受技术程序的规范和标准作为他们生活的全部。一个微妙但是广泛的改变发生在他们思想和动机的形式和本质中，效率、速度、准确测量、合理性、生产效率和技术的进步在他们自身生活的领域着魔般的应用中变成了目的，而这些他们以前作为不合适的东西进行抵制。"② 比如效率，现在呈现出一般的价值和变成所有理性行为遵循的普遍原则。它不仅适用于流水线生产，而且还适用于学习、闲暇、交流等活动。同样，速度现在被看做令人羡慕的特征，不管什么，快的就是优越的。正因如此，就阅读来说，读者现在想停一下去考虑其他的情形将变得无意义和不合适。这类工具性标准并非不正当，而是超出了其惯常的适用范围。技术手段发展的外溢，导致工具性标准不断扩展其适用范围，使得工具性标准在社会生活中处于优势地位。工具性标准的支配和动机主要通过两类机制施加影响：第一，是心理形成方面，个人人格的技术适应部分开始控制人格的其他部分；第二，是社会情形方面，所有问题最终根据工具

---

① Langdon Winner. Autonomous Technology：Technics-out-of-control as a Theme in Political Thought[M]. Cambridge：The MIT Press，1977：238.

② Langdon Winner. Autonomous Technology：Technics-out-of-control as a Theme in Political Thought[M]. Cambridge：The MIT Press，1977：229.

定义和仅仅对工具关注才会产生影响。在这两类情形中，技术规则的极权主义变得更加明显。①

温纳提出的反向适应理论得益于埃吕尔对目的和手段关系的阐述。埃吕尔认为，在技术文化的背景下，目的变得"抽象"和"含蓄"，不再被追问。虽然人们仍在谈论"幸福"、"自由"和"正义"，但这些词语已变得空洞无物。是什么原因导致出现这种状态呢？埃吕尔指出，行为的目的退到一个惰性的、垂死的状态。与此同时，行为的手段变得极其有效。所有人们的倾向是保持目的不变或者认为他们非常了解他们的目的，然后寻求最好的技术手段来实现它们。这样，目的渐渐被遗忘，手段变得重要，新的装置、组织和技能成为许多社会重点选择的真正焦点。目的被动地面对技术的手段，手段要求目的重新定义以满足可用技术的需要。抽象的一般目的——健康、安全、舒适、营养、住所、移动性、快乐，等等——变成高度具体的工具。移动的愿望变成拥有一辆汽车的愿望，交流的需要变成拥有电话服务的必要性，吃的需要变成对电冰箱、电炉和便利超市的需求。技术手段重新设计目的还有另外一种独特的方式，由于人们对技术工具的有效性是建立在测量技术上，这就使得目的重建去适合测量技术的要求。如美国大学入学考试采取标准化的形式，由于标准化考试并不要求写作，使得教师和学生都对写作不重视，导致学生的基础写作技巧迅速恶化。埃吕尔认为，由于最初目的的萎缩，社会在所有的生活领域内接受技术的权力，社会决定建立在工具模式评估的有效性基础上，技术呈现出一种自主性特征，使得人类无法控制。"技术演化的这种近乎自我生成、自我维持的趋势充分证明了人类的实际指导看起来是完全徒劳的。当然，原则上人类

---

① Langdon Winner. Autonomous Technology：Technics-out-of-control as a Theme in Political Thought[M]. Cambridge：The MIT Press，1977：231.

总在控制的面板上,这是一个日益空洞的、没有任何实质性东西的原则。"①

温纳着重探讨了大规模技术系统的反向适应模式。大规模技术系统相互联系、相互依赖共同构成了一个整体,一部分的功能对其他部分和整个系统的成功运行至关重要。某一部分功能的缺失,会影响系统的正常运行甚至整个系统的崩溃。通常,大规模技术系统一开始就有独立的目的或目标。由于大规模技术系统的特点,这些独立的目的或目标最终可能的表现是,要么束缚了系统增长的能力或者影响其正确运行,要么成为系统无法接受的不确定和不稳定的来源。正因如此,系统可能抛弃整个目的——手段的逻辑和采取不同的路线,从而直接采取行动扩展其对目的自身的控制。具体来说,大规模技术系统的反向适应模式主要有以下几种:

(1) 系统控制与其操作相关的市场。根据传统经济学的思想,在技术系统提供的产品和服务上,市场对个人和社会可以施加强有力的影响,比如生产什么、生产多少,以及价格水平等。然而,大规模系统可以采取各种方式来规避市场。加尔布雷斯指出,随着技术的推进及其伴随的专业化,市场变得日益不可靠,产业规划将代替市场调节,市场的影响将逐步减少或者消除。在加尔布雷斯看来,这一过程的完成,可以通过三个手段:第一是通过垂直整合;第二是通过市场控制;第三是通过合同使市场失灵。可见,市场控制大规模系统的有效手段被公认为是一个怀旧的、离奇的或者美妙的乌托邦的建议,这很少能变成现实。

(2) 系统控制或者强烈影响那些表面上调控它的输出和操作环境的政治过程。表面上看,是那些投票人、立法者、执法者、法官和

---

① Langdon Winner. Autonomous Technology: Technics-out-of-control as a Theme in Political Thought[M]. Cambridge: The MIT Press, 1977: 236.

管理者做出选择，他们对技术系统的活动施加影响，为技术系统建立明智的目标、规则和限制来保证公众的利益。实际上，技术系统并不完全理会这些要求。相反，它们可以直接去影响立法、选举和法律的内容，可以运用它们巨大的规模和权力使政治环境去适合它们自己高效的运作方式。"有关安全、价格、商品和服务的质量等方面规则的制定反映的是系统的需要，而不是公众利益的一些重要的、独立的和强有力的表达。"[1]

（3）系统寻求符合其技术能力的"使命"。技术系统完成了既定的目标，技术系统是否将会被舍弃。当然不会，系统重返政治舞台企图为其自身设置新的目标，并提出赢得社会支持的合理理由。系统建议一个新的计划、新的任务或者新的不同的装置，它施加所有的影响尽力去说服有着这种新的需要的人们。假如系统对于整个社会来说是重要的，假如新的目标对于系统的生存是关键的，那么这个目标将被支持而不管它对社会的客观价值怎样。[2] 例如，美国国家航空和航天局为了避免解散的危险，提出它已经成功地把人送上月球，将来还要到火星、金星和木星等星球上进行太空殖民，从而为其存在的合理性进行辩护。除此以外，还有反弹道导弹系统、超音速运输系统的例子等。类似这种现象的事例比比皆是，它们经常被作为激烈争辩的主题。从这些事例中可以看出，由于系统与社会的总体联系起到了推波助澜的作用，使得这些具有反向适应的技术目的被作为最受尊重的国家目标而得到支持和拥护。

（4）系统宣传或者操纵它能提供的需求。在社会中，个人需要食品、庇护所、衣服、健康和现代生活的娱乐设施，这些需求通过技

---

[1] Langdon Winner. Autonomous Technology：Technics-out-of-control as a Theme in Political Thought[M]. Cambridge：The MIT Press，1977：244.

[2] Langdon Winner. Autonomous Technology：Technics-out-of-control as a Theme in Political Thought[M]. Cambridge：The MIT Press，1977：245.

术手段来提供。技术手段除了提供这些基本需求外，还可以提供更多的非基本需求。技术系统通过广告、商品的新颖设计和促销手段，促使公众指向一些具体的商品或服务。正如埃吕尔所言："这儿的问题是调整人类的需求与计划的要求相一致。"①人类欲望和需求的持续增长回应新技术成果的出现，每一个新的发明或者革新变成唤醒和满足人类本质中潜在欲望的可能。埃吕尔认为，人类(至少是现代人类)的确有无限的易适应性和欲求，因此也很容易受骗。通过运用各种心理技术和大众媒体技术手段进行销售宣传，唤起人们内心的渴望，使得人们疯狂地追求新兴的消费品，实际上这些消费品的价值还有待验证。"一个需求之所以成为需求，实质上是因为一个外在于人的巨技术系统需要那个需求成为需求。"②当然，个人的需求不能离开一定的社会环境和技术状况而存在。但是，现在对需求进行有意识的刺激和操控比过去任何时期都要简单得多。技术系统能够产生新的需求，并给新的需求指引方向，这些需求合在一起就构成了对产品和服务的需要。这种联合操纵的效果，是制造出一种强烈的需求氛围，诱导和刺激民众去狂热地购买，从而实现其必要的消费功能。

（5）系统发现或者创造危机为其进一步扩张辩护。衡量大规模技术系统有效性的标准之一是增长，当一个技术系统发现它的增长放慢或者停止，甚至更糟糕的是它发现它的增长的合理性遭到质疑，公众对于技术系统提供的商品或者服务需求趋向平稳，对技术系统扩张的社会和政治支持萎缩，这样技术系统就会陷入困境。但是技术系统在这个困境中并不是无能为力的，它控制自己内在的结构和

---

① Jacques Ellul. The Technological Society [M]. Translated by. John Wilkinson. New York: Alfred A. Knopf, 1964: 225.

② Langdon Winner. Autonomous Technology: Technics-out-of-control as a Theme in Political Thought[M]. Cambridge: The MIT Press, 1977: 248.

有关它在社会角色中的大量信息，从而创造围绕着其活动的公共危机的出现。技术系统常常用"威胁"和"短缺"为其存在的合理性和进一步扩张提供依据。在"威胁"的心理作用下，系统发现一个外在的并且非常模糊的敌人存在需要最大限度的技术准备。如有数据显示，敌人的装备是如何先进，并且正在积极地备战，因此相关系统的唯一逻辑是发展一切可能的手段去应对这个威胁。同样，"短缺"也令人印象深刻。比如，系统调查发现某种重要的资源、产品或者服务处于危险的短缺状态，必须采取适当的步骤预先阻止这种短缺对整个社会带来的危机，系统必须鼓励和扩大它的控制领域。系统控制了信息，个人和团体要么得不到信息，要么审视信息没有采取批判的态度，这使得系统定义"短缺"这一术语以它自己最好的方式出笼。最终，无论何种情形，几乎不可避免的结果是"危机＝系统的增长且通过大规模的公共投资来支持"。[①]

温纳认为，以上反向适应模式之间的结合可以产生不同的组合，（1）和（2），（2）和（3）能够成功配对；（4）和（5）结合在一起可以叫做双重反向适应，如能源公司耗费巨资为能源消费的豪华用具做广告的同时，却大肆宣扬"能源危机"的可怕危险。温纳并不认为大规模技术系统的这些反向适应的模式具有普遍性，但根据技术政治学的理论假设，他指出，"当大规模的技术系统逐步主宰现代社会生活的不同领域时，反向适应将变成决定做什么和怎样做的日益重要的方式"。[②]

温纳用技术命令和反向适应等概念，向我们展现了现代技术的自主性特征。根据现代技术的自主性特征，温纳认为自主性技术的

---

[①] Langdon Winner. Autonomous Technology: Technics-out-of-control as a Theme in Political Thought[M]. Cambridge: The MIT Press, 1977: 250.

[②] Langdon Winner. Autonomous Technology: Technics-out-of-control as a Theme in Political Thought[M]. Cambridge: The MIT Press, 1977: 251.

概念作为自我生成、自我维持、自我规划机制的统治获得了最准确的定义。由于技术具有了自主性，人类将丧失自主性。人类将服从技术的规范，适应技术的运行环境。在这一过程中，人类逐步丧失了控制地位，人类与技术之间所谓的主—仆关系将可能互换。

## 第五节  技术统治的根源

针对技术的统治，学者们从不同的角度对其产生的根源进行了探讨，温纳对学者们有关技术统治根源的思想进行了比较系统的考察。

最常见的观点认为，技术统治的形成在于人性的缺陷，人自身具有"攻击性、占有欲、对于征服和权力的无穷欲望，或者在现代条件下作为问题根源的一些其他所谓的中心特性"。① 在芒福德的著作中，有很多论述人性缺陷的观点。芒福德反对大规模技术系统，认为这是技术困境产生的根源，应该把它排除在现代文明之外，如前所述，这一根源可以追溯到古埃及。"人类在权威的巨机器（大规模技术系统）和民主的多样性技术（小规模系统、技巧和技艺）之间进行选择。巨机器迷恋于寻求所有的事物在它的控制之下，因此放置自然和社会处于危险之中。反之，多样性的技术传统是内在适度的，小规模工具的使用由于进行了仔细的酝酿，产生意想不到的副作用比较小。在芒福德看来，巨机器对于多样性技术从根本上说是恶的对于善的。"②对于我们现在处在大规模技术系统统治下的情形，芒

---

① Edward O. Wilson. Sociobiology: The New Synthesis [M]. Cambridge, Mass: Harvard University Press, 1975.

② Langdon Winner. Autonomous Technology: Technics-out-of-control as a Theme in Political Thought [M]. Cambridge: The MIT Press, 1977: 108-109.

## 第五章 人类面临技术统治的危险

福德认为,"贪心、权力饥恶、过分自负和对未来的漠不关心,这些阻碍了西方人保持他们自己的技艺传统和工具使用的习惯"。① 在对人性的理解中,芒福德认为,最重要的问题是把人看做是制造工具的动物。由于对人的这种理解,最终导致了技术发展的过度和失常,导致了一个没有限制的巨机器产生。芒福德对"人是工具的制造者和使用者"的思想进行了革新,认为"人是符号的创造者和使用者",提出了"心灵首位论"。芒福德指出,心智技术、身体技术和社会技术先于自然技术,而不是相反。他认为,每一种技术,都源于人类心灵的某种模式。不是技术决定心灵,而是心灵决定技术。他希望通过心灵能力的重新激活,使人类摆脱现代技术设置的困境。温纳认为,芒福德的思想对现代技术社会起着一定的道德纠正作用。但是,要寻求一个单一的本质来界定人类,最终将是徒劳的。在不同的文化背景下,人们表现出不同的特性。有足够的证据表明,在很多时期和很多地方人们生活并不像现在一样,指向没有限制的技术和贪得无厌的消费上。对于人类本质问题的看法,温纳最终比较赞同汉娜·阿伦特的观点,阿伦特认为,"假如有一个人类的本质,它将需要用神的眼光去认识它"。②

在一些人看来,现代工业的发展是西方文明而不是其他文明带来的,应该从西方文明中寻找技术统治的根源。相对于其他文明来说,西方文明是否在制度、信仰体系、传统等方面有什么特殊之处,才导致了技术的迅猛发展,其中最常见的说法是把它归结于基督教。在这方面,最有代表性的人物是马克斯·韦伯。温纳认为,马克斯·韦伯的《新教伦理与资本主义精神》为如此讨论定下了基调,并

---

① Lewis Mumford, The Myth of the Machine: The Pentagon of Power[M], New York: Harcourt Brace Jovanovich 1970: 155.

② Hannah Arendt. The Human Condition[M]. Chicago: University of Chicago Press, 1958: 9-10.

第五节 技术统治的根源

首次提出意义重大的理论。韦伯在《新教伦理与资本主义精神》一书中指出，构成近代资本主义精神乃至整个近代西方文化以职业为基础的理性行为，是从基督教禁欲主义中产生的。韦伯认为，加尔文教派的意识形态在塑造早期资本主义的社会角色中起到了十分重要的作用。加尔文提出了"预成论"，即尘世中的一切都是上帝事先预定的，人从一出生，有罪或无罪、永恒得救还是遭受惩罚已经由上帝以不可辩驳的意志确定好了。尘世中的人，如果有罪，便要用一生的善行进行自救；而已得到上帝预先告知的人们，更应该用尘世的善行来添加上帝的荣耀。至于衡量上帝选民的标准，尘世中的人无权揣测甚至评价上帝的旨意，只能用在世俗生活中的劳动来增加上帝的荣耀和抵挡各种诱惑。[①] 加尔文教派的这一思想使得劳动成为了人们生活中的第一要务，在反对奢华的同时，获得财富是允许的，这对资本主义经济的发展和技术社会的形成起到了强有力的促进作用。

韦伯的思想对探寻现代科学技术社会起源的学术研究具有重要的影响，但是一些学者认为他挖掘得不够深。Lynn White 认为，现代科技之源从时间上看可以追溯到更早，他建议我们考察早期的基督教信念。基督教不仅建立了人和自然的二元论，而且还坚持认为，人利用自然是为了自身正确的目的，这是上帝的意志。"上帝创造了人作为超越性存在和自然提供给他们作为统治的花园。"[②] 与此同时，万物有灵的信念被抛弃。基督教以冷酷的态度对待人和自然的关系，这种态度的世俗化今天表现为没有限制的技术行为。温纳认为，依据《圣经》的说明避免了从人性出发进行解释的陷阱，但是这些说明

---

① 马克斯·韦伯. 新教伦理与资本主义精神[M]. 陈平，译. 西安：陕西师范大学出版社，2007：9.

② Langdon Winner. Autonomous Technology: Technics-out-of-control as a Theme in Political Thought[M]. Cambridge: The MIT Press, 1977: 112.

有严重的缺陷,那就是 White 有选择性地选择一些基督教的观点来支持他的看法。实际上,在中世纪教堂的传授中,适度和消极地对待物质世界占有重要的部分。John Passmore 对 White 的理论进行了批判,他一方面同意许多基督教神学对西方以自大和好斗的立场对待自然进行辩护;另一方面认为从创世说中寻求西方文化的弊端之源站不住脚,因为自然不是为了人的利益而是为了上帝的福祉而存在的。John Passmore 认为,真正的根源在于影响基督教思想的古希腊哲学。他指出,"亚里士多德的《政治学》表达了动物创造出来是为了人类使用的思想,斯多葛学派后来发展了这个观点到'相当的程度'。应看到这样一个事实,人类的理性是人类统治所有次要存在的明确保证。通过人类理性特有的设计,自然被创造出来以适合人类的需要"。① 这个思想被许多基督教思想家所支持。但是,斯多葛学派最终导致了无为主义。White 和 Passmore 的思想有其合理的成分,但在温纳看来,他们和培根、笛卡儿一样,认为由某种特殊的神学或者哲学强烈塑造了西方科学技术的实践,这样的论据仍然是不清楚的。

温纳认为,支配自然的思想在 20 世纪中期的哲学中成为一个重要的主题,法兰克福学派对这一思想起到了重要的推动作用。法兰克福学派认为,理性的疾病在于理性源于人们迫切要求去统治自然的需要。在这里,温纳主要探讨了霍克海默和阿多诺的思想,这两位学者通过揭示启蒙精神在现代社会逆转的根源和带来的负面影响展开了对技术理性的批判。这里的启蒙精神并不专指 18 世纪法国启蒙运动时期所推崇的那种狭义的理性精神,而是泛指西方近代以来思想家们所倡导的理性至上、知识崇拜以及人可以利用科学技术征

---

① Langdon Winner. Autonomous Technology:Technics-out-of-control as a Theme in Political Thought[M]. Cambridge:The MIT Press,1977:114.

服自然等的思想启蒙运动。启蒙运动是要消除神话，用知识来代替想象；启蒙精神的实质就是古希腊传统理性与现代科学技术结合而成的技术理性主义。① 随着实证主义和实用主义的兴起，启蒙精神的理性光辉开始丧失，理性变成了工具，它统治着社会并完全控制着社会的进程。在对启蒙精神进行反思的基础上，霍克海默把理性划分为"主观理性"和"客观理性"，认为"主观理性"是一种被限制于工具领域而非目的领域中的理性，它在本质上关心的是手段如何实现目的，而很少关心目的本身是否合理；"客观理性"是指一个包括人和他的目的在内的所有存在的综合系统，它关心的是目的而不是手段。② 为此，霍克海默提出启蒙理性发生逆转的根源在于"主观理性"（工具理性）压倒并进而取代"客观理性"（价值理性），这也是现实社会面临技术困境的重要原因。然而，霍克海默、阿多诺和其他法兰克福学派成员关于西方文明对待自然的病态状况最终起源的研究与 White 把起源归结于创世说和 Passmore 把起源归结于古希腊哲学相关，如前所述，这些思想都是温纳所反对的。

由于温纳的技术自主论深受埃吕尔的影响，他着重探讨了埃吕尔对技术统治根源的看法。埃吕尔认为，技术在社会生活中成为最有影响力因素的时间并不长，它源于 18 世纪，成熟于 19 世纪，完成于我们的时代。古希腊时期，希腊人对技术的发展持怀疑态度，并对其进行限制。"古希腊人怀疑技术活动，因为它表现出无理性力量因素和暗含了要适度的想法。他们的文化建立在协调、平衡和自制的思想上，他们认为技术和它的力量将强行打破这些限制和破坏

---

① 朱春艳.费恩伯格技术批判理论研究[M].沈阳：东北大学出版社，2006：35.
② 朱春艳.费恩伯格技术批判理论研究[M].沈阳：东北大学出版社，2006：35.

支撑他们的平衡。"①在希腊人看来，技术固然能给人类带来福祉，同时也会给人类带来灾难，因此希腊人始终对技术保持一种适度的警觉。例如，罗马时代有一个叫维斯帕辛的皇帝，在他统治期间有一个工匠发明了一套非常有效的滑轮和杠杆技术。这位皇帝听说后，马上下令废除了这套发明，并禁止外传。当问其原因时，他说自会有他的奴隶帮他做事情，而用不着这些东西。其实，这只是他表面的说辞。实际上，他已经深刻地意识到，如果推行了这套发明，大量的奴隶将无事可做，这将会导致社会的动荡。埃吕尔认为，对技术更深的限制发生在中世纪欧洲的基督教文明时期。在4世纪到14世纪的千年间，不仅技术几乎没有进步，甚至许多古代的技术都失传了。在埃吕尔看来，由于基督教的反世俗化，导致了基督教是反技术的。埃吕尔并不认同White等人的观点，认为基督教的世俗化引起了人们去开发物质世界的欲望，恰恰相反，基督徒对所有实践活动表示怀疑。基督教保持着对技术发展的限制，当一个技术元素从各个方面看是正义的就接受，反之则要格外小心。温纳指出，埃吕尔在确认希腊的最高理性和基督教文化是反技术的，在这方面是对的，但是认为它们是对技术进步强有力的反对力量则是错误的，技术受到压制的例子出现在很多平凡的环境中。中世纪欧洲的行会和手工业者由于害怕技术创新的负面影响，经常阻止新技术的扩散。例如，在1578年，工匠Hans Spaichl的机床遭到了纽伦堡议会的破坏，原因是他准备把他的装置卖给一个金匠。埃吕尔指出，虽然文艺复兴和科学革命极大地促进了技术的发展，但是技术发展的一些重要的障碍并没有消除。限制的消除和技术革新激增的到来最终在18世纪中后期出现，埃吕尔认为，这是现代人堕落的开始。这一时

---

① Langdon Winner. Autonomous Technology：Technics-out-of-control as a Theme in Political Thought[M]. Cambridge：The MIT Press, 1977：119.

代的到来并不是偶然的，是各种条件汇聚的结果。主要条件是：第一，长时期的技术实践成就；第二，人口的增长；第三，特定的经济条件；第四，社会环境的可塑性，这是一个重要的条件，它包括了两个重要的方面：(1)从基督教继承下来的禁忌和传统社会不鼓励对神圣或者事物自然秩序的任何干涉消失；(2)自然社会团体的瓦解，人们作为独立的个人进入世界；第五，整个社会有一个清晰的技术意图，这也是一个重要的条件。① 除此之外，还有科学发明的进步，自然主义和功利主义的兴起以及人类更加自信的生活态度，这些使得人们把新的行为模式建立在技术上，开始关注技术在社会生活各个领域的有用性，并把所有的活动指向它。随着社会中目的和手段位置的互换，技术最终取得了统治霸权。针对埃吕尔的认识，温纳认为既有值得赞赏的方面，也有缺陷。一方面，埃吕尔提出的问题，虽然解答得不够好，但是促使人们重新审视对技术的态度，承担对技术进行自我反思和自我批判的义务；另一方面，埃吕尔所揭示的塑造现代社会的社会条件是相对肤浅的，人们普遍接受技术的真正社会环境并没有揭示出来。相反，他把罗列的所有因素归结为一个单一的现象即技术现象，然后以这个单一的现象对社会进行解释，这是典型的还原论观点，从而导致对西方文化缺陷研究的严重歪曲。

  针对以上学者们对技术统治根源的探寻，温纳认为有两个重大的缺陷②：第一，在一个存在多种复杂性问题和高度未确定性的领域，依照毫无根据的信念急于提出统一的、专制的假说；第二，倾向于建议在意识领域中掀起巨大革命，实际上只要具备良好的判断

---

① Langdon Winner. Autonomous Technology: Technics-out-of-control as a Theme in Political Thought[M]. Cambridge: The MIT Press, 1977: 122.

② Langdon Winner. Autonomous Technology: Technics-out-of-control as a Theme in Political Thought [M]. Cambridge: The MIT Press, 1977: 133.

力和节制就够了。在温纳看来，对技术统治根源的探寻，需要寻求一条更富有成效的道路和一种更有助于解决问题的方法。的确，寻求技术统治的根源是一项困难的任务。虽然从已有的理论来看是不完善、有缺陷的，但是对于我们具有重要的启发性意义，为我们进一步探究技术统治的根源提供了借鉴。面对技术统治的威胁，我们必须深挖其产生的根源，从而采取有效的策略去应对。因为技术的统治会给人类社会带来很多问题，使人类深陷技术的困境之中。面对技术的困境，一些人寄希望于技术的变革和革命。在这里，温纳着重探讨了适用技术运动和信息技术革命。但是，令人遗憾的是适用技术运动最后以失败而告终，我们正在经历的信息技术革命也面临着诸多问题。

# 第六章 适用技术运动的失败

适用技术思想最早是由法国技术哲学家，曾任波尔多市副市长的雅克·埃吕尔在其1935年出版的法文版《技术社会》一书中提出来的。20世纪60年代中期，英国经济学家舒马赫（E. F. Schumacher）发展了这一思想，并把这一思想用来解决第三世界国家的经济、技术和社会问题。到了20世纪70年代早期，这一思想开始用来解决先进工业社会如环境的破坏、能源的危机、资源的匮乏以及生态恶化等问题，并很快形成一股思潮和运动。为此，美国、加拿大和欧洲的一些国家成立了一系列寻求不同技术替代的研究机构，其中美国还成立了适用技术国家研究中心。1980年美国总统里根上台，让市场起作用成为了政府政策的核心内容，取代了原有的对适用能源技术的公共讨论和对其他问题的公共审视，标志着适用技术运动的衰落。

## 第一节 适用技术运动产生的根源

适用技术运动的产生与当时的历史背景有关，温纳认为，它的产生主要受两个方面因素的影响，一个是20世纪60—70年代席卷西方国家的社会运动；另一个是一些著名的学者对技术的批判。其中，前一个是政治根源，后一个是知识根源。

第六章　适用技术运动的失败

## 一、适用技术运动产生的政治根源

　　20世纪60—70年代，西方国家出现的争取公民权运动、新左派政治、反战抗议、反文化和环境主义最终导致人们重新审视现代工业社会建立的根基。最初，人们只是把造成社会不公和对外侵略的深层原因归结为"机器"或者"系统"的运作，这时并没有特别地指向技术。到了60年代后期，把机器、技术、化学品、专家和大规模社会技术系统作为西方发达工业国家社会矛盾根源的意识得到了强化，人们把目光日益投射到现代技术上。越南战争中燃烧弹丢在无助的母亲和孩子身上、落叶剂对东南亚丛林的大面积破坏、B-52的轰炸和武装直升机扫射，战争的残酷性使人们深刻地认识到技术所带来的巨大负面影响。越南战争前的一个半世纪，技术的推进与人类的进步总的来说是同步的，而现在最先进的技术被用来制造武器，用于进行灭绝人性的非正义战争。"现在出现的科学技术最好的从业者和最复杂的产品被征募于战争来反对进步——指向正派、人道和公正的灭绝。"[①]由此，人们开始反思技术，并希望去改变现有的技术。

　　由于当局的镇压和人们对政治活动的日益厌倦，1969年以后，一些人开始把目光转移到技术变革及创新驱动上。这一时期，许多美国人退出政治活动并集中兴趣于太阳能集热器和风车等技术的发明，希望通过技术的变革来消除社会的弊病。这一转变的证据保存在两个目录册中，一个是《走向新美国的运动》，由Mitchell Goodman整理；另一个是《整个地球的目录》，由Stewart Brand和他的同事编辑。前者收集了数百种反映20世纪60年代政治活动的传单、小册子和文章，涉及诸如黑豹党、反战示威、争取民主等方面，为我们揭

---

① Langdon Winner. The Whale and The Reactor: A Search for Limits in an Age of High Technology [M]. Chicago: University of Chicago Press, 1986: 64.

示了一个令人鼓舞的、多方位的、全球性的反抗现存压制秩序的运动；后者关注技术，特别是关注构建一种小的、充满人情味的、经济上自给自足的地方性技术，将地球从过度工业化的破坏中拯救出来。

## 二、适用技术运动产生的知识根源

20世纪60年代后期，对技术的关注还源于西方著名知识分子马尔库塞、芒福德和埃吕尔等人的著作。马尔库塞的《单向度的人》(1964)揭示了人性的每个方面都受到专制技术文明的压制；芒福德的《机器的神话：权力的五边形》(1970)给我们展现了极权的巨机器对现代社会的破坏性作用；埃吕尔的《技术社会》(1964)的陈述更加极端，他指出，20世纪我们生活的每一个方面——经济学、政治学、符号文化学、个人心理学等都落入了技术的统治之下，技术成为人们无法控制的自主的力量。这些书被广泛地阅读和讨论，不管它们的内容正确与否，最终帮助促成了要去寻找一个替代或者适用技术的思想的出现。

由于对技术的批判无助于问题的解决，一些对技术持批判态度的哲学家和政治理论家开始沉思寻求社会解放的技术问题。例如，马尔库塞在《论解放》(1969)一书中提供了一个摆脱困境的乌托邦以回应他在《单向度的人》(1964)中所描绘的沮丧的情形。他指出："自由的确主要依赖于技术的进步和科学的发展，但是这个容易遮掩必要的前提：为了变成自由的手段，科学和技术将不得不改变它们现在的发展方向和目标，它们将不得不根据一个新的感性——生活本能的需要去重建。然后才能谈及一个解放的技术，去自由计划和设计没有剥削和苦工的生产模式。"[①]马尔库塞认为这样做是可行的，

---

① Herbert Marcuse. An Essay on Liberation [M]. Boston: Beacon Press, 1969: 19.

变化的动力将来自传统工人阶级的不平等，中产阶级对过多压制的反叛，第三世界人民和工业化国家的少数民族对自由和社会公正的寻求。马尔库塞主张不要遏制或者减少技术的进步，但是要消除技术装置中对人类奴役和加剧人类生存斗争的那些特性。这样，马尔库塞在法兰克福学派批判的主题和一个替代技术的可能性之间架起了桥梁。与马尔库塞的观点相近，卢萨卡在《荒野的尽头》(1972)一书中提议建设一个替代性的社会去克服技术文明的破坏趋势，以回应他在《反文化的产生》(1969)一书中所提到的现代军国主义、都市主义、消费主义、官僚主义和技术统治心理带来的弊病。卢萨卡设想这样的社会是"手工劳动、中间技术和一定重工业的适当混合……自主的和没有剥削工作的兴起……运输和通信的地方化和基层控制"等。① 卢萨卡承认，他的这些可爱的计划可能在一些人听起来是愚蠢可笑的，但是这些尝试是值得的，因为冒着失败的风险去寻求隐藏的春天比屈从于没有未来的荒野更显示出人性的美丽。可以说，这些学者的想法有些天真，他们低估了20世纪晚期占统治地位的权力，但是他们的这些想法具有启发性，为适用技术专家们如何去变革技术提供了借鉴。

## 第二节 适用技术运动的中心话语：适用技术

适用技术运动的中心话语是"适用技术"，针对技术困境的解决，不同的学者提出了不同的适用技术理论，概括起来主要有以下几种有代表性的观点：

---

① Theodore Roszak. Where the Wasteland Ends: Politics and Transcendence in Postindustrial Society [M]. Garden City, N.Y. Anchor Books, 1972: 396.

第一种是"中间技术论"。这是英国著名的经济学家舒马赫(E. F. Schumacher)在20世纪60年代针对第三世界国家的经济发展如何实现与传统社会相协调时提出来的。他指出,技术的发展应注意人口的技能水平和本土自然资源的利用,应设计一个小规模的农业和工业模式,而不是引进西方工业国家的巨型技术。这一思想后来集中表述在舒马赫1973年出版的《小的是美好的》一书中,舒马赫的中间技术是一种介于传统和现代技术之间的技术,他把这种技术形象地比喻为介于1英镑和1000英镑技术之间的100英镑技术。这种中间技术与本地技术相比,生产效率高得多,与现代工业的资本高度密集的高级技术相比又便宜得多,它具有小规模生产、劳动密集、投资低、难度小、见效快、合理使用稀有资源、适合生态环境等特征。① 舒马赫认为,这是一种指向有机的、温和的、有着美好新导向的技术,将对环境的破坏、能源消费的飙升、资源的破坏等社会问题进行补救。

第二种是"替代技术论"。1974年,英国的丹皮特·杰克逊出版了《替代技术与技术变革的政治》一书,集中论述了替代技术的概念和思想。他指出,"替代技术就是指与巨型集约化现代技术完全不同的另一种技术,是一种以确保衣食住行为大前提,不产生公害和浪费的技术,是一种不能导致人隶属于中央管理模式,倒是更为适应人的需要实行分权性的技术"。② 而罗宾·克拉克(Robin Clarke)以"软技术"称谓"替代技术",并与"硬技术"相对,这里的"硬技术"指的是现代巨型的集约化技术。他认为,"软技术"与"硬技术"不同,它的主要特征是:"生态上合理、低能耗、低污染或者无污染、资源

---

① 许志晋,徐宪春,等.适用技术理论历史发展评析[M].科学学研究,1996(4).
② 苏振峰,范旭.浅析先进适用技术——兼论适用技术的历史发展[J].科研管理,1998(5).

## 第六章 适用技术运动的失败

和能源可再生利用、具有全天候性、手工业型生产、初级专业化……与自然融为一体、民主政治、根据自然规定技术的边界、地方贸易、与地方文化相协调、防止技术的滥用、与其他物种的繁荣相依存、由需要决定革新、国家经济稳定,劳动力集中……去中心化、依靠小规模来增加效率、大众化的操作模式等。"①

第三种是"适用技术论"。这一理论是印度学者雷迪根据发展中国家的实际情况,在 1975 年提出的,他从环境、社会和经济等方面确定了"适用技术"的目标特征,这些目标特征具体表现为:(1)环境目标——节约能源,尽量减少或循环使用各种资源,减少环境污染以促进各地区生态环境的协调;(2)社会目标——最大限度地满足人类的最基本要求,提供富有创造性和引人入胜的工作,能与传统文化相互交融,促进社会的和睦并把权力交给人民;(3)经济目标——消除经济发展的不均衡状态,提供充分的就业机会,采用地方资源并生产地方消费品,把经济引向分散经营。②

第四种是"多样性技术论"。1980 年,日本学者星野芳郎在《未来文明的原点》一书中提出了"多样性技术论",又称"体制替换论"。他认为,单一的小型技术和大型技术都是有问题的,主张建立一种"由分散化的小型技术与集中化的大型技术组合而成的综合技术体系"。③ 对于"多样性技术"的发展问题,他主张通过既要注重技术自身发展的内在逻辑,又要注重外在环境因素的"两条腿走路"的方式来实现。

以上分析了"中间技术论"、"替代技术论"、"适用技术论"和

---

① Langdon Winner. The Whale and The Reactor: A Search for Limits in an Age of High Technology [M]. Chicago: University of Chicago Press, 1986: 73.
② 许志晋,宋艳葵. 走可持续发展的共生的技术创新之路——来自对国外适用技术创新理论的历史考察[J]. 工业技术经济,2006(9).
③ 星野芳郎. 未来文明的原点[M]. 哈尔滨:哈尔滨工业大学出版社,1986: 69.

"多样性技术论"等多种适用技术理论,其中"中间技术论"认为技术的适用性取决于技术的结构与水平等内在因素,"替代技术论"和"适用技术论"认为技术的适用性取决于经济、社会、自然环境等外在条件,"多样性技术论"认为技术的适用性是由内、外部因素共同作用决定的,表明适用技术理论经历了"内在论"、"外在论"和"综合论"不断发展的过程。虽然这些理论对适用技术的提法不同,但是总体目标是一致的。它们都希望发展能够与该国或该地区的环境相适应,以实现该国或该地区经济、社会、环境达到最优化的技术。适用技术理论所要达到的目标是很好的,但是现实中要实现这些目标还很难,不过它给人以希望和新的选择。

## 第三节 适用技术运动失败的缘由

温纳认为,从表面上看,似乎是里根总统上台这一政治事件宣告了适用技术运动的死亡,但实质上是由于适用技术自身有无法解决的问题,从而导致了这场运动无法持续进行下去。这些问题具体包括如下:

### 一、适用技术基本概念模糊

对于适用技术运动,我们首先要弄清楚"适用技术"的概念。温纳指出,适用技术对于什么是适用的?任何适用技术的理论不回答清楚这个问题将是无意义的。但是,对这一问题的回答,不同发展程度的国家是不一样的。在温纳看来,对于第三世界国家来说,答案是非常清楚的,判断"适用"应该来自具体的文化和环境。比如,农业生产技术很好地适合一个国家但可能不适合另外一个国家,因

第六章 适用技术运动的失败

此,这就要求每个社会将不得不考虑"适用"对于它自身的需要来说意味着什么。然而,对于西方工业社会,答案是含糊的。如果适用技术要有一个基本判定的话,它将不得不向西方工业社会中占统治地位的标准提出挑战和建议新的标准。但是,这种新的标准立足点在哪儿?它怎样使那些已经接受传统技术实践形式的人信服?温纳认为,要回答这些问题是很难的。

## 二、适用技术标准过于庞杂而充满矛盾

从对适用技术的描述来看,许多适用技术的倡导者喜欢用一组标准来描述适用技术,上述的几种理论在这方面都有所体现。比较典型的是"软技术"的倡导者罗宾·克拉克,他一共提出了35个标准。事实上,技术的运用要同时满足35个标准那是不可能的,理论和历史的实践都没有给我们任何理由相信如此多的标准能够同时兼顾。温纳认为,如此想法不仅在实践中不可行,而且这个世界的某些事实会成为其实现的障碍。更为重要的是,这些建立在对好的技术想象基础上的一组标准之间可能不兼容。① 例如,去中心化和生态上合理之间不一定就协调,因为去中心化的技术并不必然是生态上合理的,一些地区普遍使用烧木材的炉子产生了非常高的污染就是明证。

## 三、适用技术专家缺乏对现代技术历史和现实的重大关注

适用技术专家不愿意直接面对组织化的社会和政治权力的现实,

---

① Langdon Winner. The Whale and The Reactor: A Search for Limits in an Age of High Technology [M]. Chicago: University of Chicago Press, 1986: 73.

## 第三节 适用技术运动失败的缘由

他们做着自发的基层革命的梦,而缺乏对控制技术和经济发展方向制度的深入分析。为什么现代技术的发展是这样?从历史上看,对于技术的发展我们存在着真正的选择吗?如果有选择的话,当时为什么没有选择?现在这样的选择是否正确?在一些农业和能源的部门,适用技术专家们开始去问诸如此类的问题,但是大多数积极从事适用技术活动的专家们很少去探讨这些问题,似乎他们所从事的活动与历史和现存的制度化的技术现实无关,这也是适用技术运动失败的最重要的原因。由于缺乏对现代技术历史和现实的重大关注,适用技术的理论根基并不稳固,当面对来自现有技术和社会政治权力的抵制力量时,适用技术就显得有点软弱无力了。

适用技术运动虽然失败了,但也给我们留下了一笔宝贵的遗产。温纳认为,适用技术运动留下的遗产不在发明和技术领域,而在思想领域。不论好坏,适用技术专家们挑战了现代技术正统说法中的许多关键的前提,帮助拓宽了诸如"效率"、"合理性"、"生产力"、"投入"、"收益"的含义,增加了诸如"人性尺度"、"事物的相互联系"、"第二定律效率"、"可持续性"等新的判断标准,这些都是工程师、技术人员、农业专家、城市规划者和消费者在做出选择时应该严肃考虑的因素。① 这些思想广泛地传播,使得决策者和公众在启用技术之前要考虑诸如技术的生态合理性等问题,这为当前可持续发展战略思想的提出奠定了基础。

---

① Langdon Winner. The Whale and The Reactor: A Search for Limits in an Age of High Technology [M]. Chicago: University of Chicago Press, 1986: 82-83.

# 第七章　信息技术革命前景的迷茫

随着新的技术革命浪潮即信息技术革命的到来,信息成为了统治社会的意识形态。在人们看来,信息技术将给人类带来一个富足、平等和民主的社会,但事与愿违,却带来了许多问题。在这里,温纳主要从政治的视角解读了信息技术,认为信息技术并没有使人的处境带来多大的改善。

## 第一节　信息时代信息处于意识形态的地位

温纳认为,信息在当今社会已处于意识形态的地位。这里意识形态的含义是从社会科学一般意义上讲的,它指的是一套信仰,体现的是一个团体、阶级或一种文化或亚文化的需求和愿望。① 信息成为意识形态并不奇怪,因为人们现在的生产和生活几乎依赖于大大小小的计算机,社会的计算机化使得信息成为意识形态凸显出来。是什么使得信息变得如此重要以至于人们如此地珍视它?主要原因有两个:第一,人们面临"数字洪水"的威胁。温纳认为,今天人们崇尚的是通过大型、复杂的组织来从事生产的模式,而这些组织的

---

① Langdon Winner. The Whale and The Reactor: A Search for Limits in an Age of High Technology [M]. Chicago: University of Chicago Press, 1986: 113.

## 第一节 信息时代信息处于意识形态的地位

活动需要处理大量的数据来进行。这样，信息量就成为一个可怕的挑战，它会使现代组织持续地面对超量的、难以捉摸的"数字洪水"的威胁。面对这个问题，计算机提供了一个方法：以速度来征服数量。① 第二，人们需要即时地获得信息。信息具有即时性，像股票交易的价格、航班情况、天气状况、军事情报和民意测试的结果等类似的信息在非常短的时间内是有效的，收集、整理、分析和使用这些领域的电子数据必须是最新的。在瞬息万变的国际市场上，获取关于商品价格的信息迟了甚至只有几秒钟将毫无价值。正如温纳所言："信息本身是一个易腐烂的商品。"②因此，信息成为了人们的迫切需要。在生产中，复杂的人机系统需要持续地提供关于它们内在状态和外在操作环境的电子信息，否则将面临瘫痪甚至失去控制的危险，而现代计算机和通信装置的快速信息加工能力能够很好地满足这一需要。在生活中，信息处理将成为人们日常需要。随着家用电脑时代的到来，管理一个家庭就像管理一个小生意一样。就家庭收支来说，涉及的信息是琐碎的、不断变化的，也需要很好的信息处理手段，而计算机能够解决这个问题。

在信息时代，信息获取成为人们生产和生活的常态，信息在一些人眼里成为了财富和权力的象征，谁拥有了信息谁就拥有了更多的财富和权力。虽然信息时代带来了失业、去技能化和众多社会模式崩溃等问题，但那是值得容忍的。因为他们确信，信息时代将带给人们更加美好的生活前景。

---

① Langdon Winner. The Whale and The Reactor: A Search for Limits in an Age of High Technology [M]. Chicago: University of Chicago Press, 1986: 113.

② Langdon Winner. The Whale and The Reactor: A Search for Limits in an Age of High Technology [M]. Chicago: University of Chicago Press, 1986: 114.

第七章 信息技术革命前景的迷茫

## 第二节 信息技术并不必然带来平等和民主

信息时代人们最关注的话题是信息技术是否给社会带来平等和民主的问题,乐观主义者对其充满了期盼,而温纳则表示怀疑,并对信息技术乐观主义者的思想进行了批驳。

一、乐观主义者对信息技术带来平等和民主的期盼

乐观主义者认为,信息技术将带来社会的平等。有学者预言,互联网将提供给弱势群体获取技能并实现社会平等的机会。另有学者预言,由于信息在网络上自由快速地流动,网络上每一个节点对于所有人在权力上是平等的,将不会产生传统形式的分层特性。传统形式的社会分层由于信息技术的发展而将被替代,一本畅销书这样宣告:"计算机将粉碎金字塔形式,我们创造等级的、金字塔式的管理体系是因为我们需要它保持人们和人们做事情的秩序;随着用计算机来保持秩序,我们能够水平地重建我们的制度。"①与此类看法相似,乐观主义者对信息技术促进民主的进步充满期待。他们认为,信息技术的发展将改变现有的民主参与模式,扩大人们直接参与的机会,它会促使成千上万的人们在一起相互交换意见以及与自己的代表进行对话,能够形成真正的共识民主。马萨诸塞技术协会的计算机科学家 J. C. R. Licklider 对此抱有特别的期盼。在他看来,由于互联网的出现,政治过程实质上是一个远程会议,是候选人、

---

① John Naisbitt. Megatrends: Ten New Directions Transforming Our lives[M]. New York: Warner Books, 1984: 282.

第二节 信息技术并不必然带来平等和民主

宣传者、评论员、政治行动小组和投票者之间持续数月的系列交流的活动。通过好的计算机好的网络好的控制平台，人们之间能够有效地进行信息交流，对于问题和候选人的审视将变得更加开放和全面。他明确指出，计算机是一个民主的机器，将带给人们民主参与的新时代。

信息技术带来社会的平等和促进民主的进步，在一些乐观主义者看来，这是一个自动产生的过程，不需要人们尽力去塑造。乐观主义者大都持有这样的信念，"广泛采用计算机和交流系统易于自动产生一个更好的人类生活世界"。① 如同人们以前所认为的那样，民主、公正将单纯地通过物质的富足来实现，富足因此民主，公正的社会通过无数住宅、电器和消费品的供应来显现。现在，这些将通过计算机获取信息来实现。一些乐观主义者甚至还提出了一些假设并根据这些假设来论证他们的看法，这些假设主要是：（1）人们信息短缺；（2）信息是知识；（3）知识是权力；（4）信息获取的增长将促进民主的进步和社会权力的平等。② 按照他们的理解，民主的缺乏和社会的不平等是因为人们信息短缺造成的，而计算机的出现和信息技术的发展使得人们易于获取信息，信息是知识，知识是权力，随着人们信息获取的增长，将促进民主的进步和社会权力的平等。

## 二、温纳对信息技术带来平等和民主思想的质疑

温纳对于信息技术带来平等和民主的思想表示质疑。他认为，要实现民主和公正的社会需要社会齐心协力克服许多困难才能够实

---

① Langdon Winner. The Whale and The Reactor: A Search for Limits in an Age of High Technology [M]. Chicago: University of Chicago Press, 1986: 105.
② Langdon Winner. The Whale and The Reactor: A Search for Limits in an Age of High Technology [M]. Chicago: University of Chicago Press, 1986: 108.

## 第七章 信息技术革命前景的迷茫

现,而不会自动产生。虽然计算机的使用能够对社会的权力造成一定的影响,但是这仍然有利于那些原先处于支配地位的社会权力集团。温纳认为,相对于普通大众来说,跨国公司、公共官僚机构、情报机构等从信息技术的发展中获益较多。

针对乐观主义者根据一些假设推出信息技术的发展会促进民主的进步和社会权力的平等,温纳认为这些假设是站不住脚的,并对这些假设进行逐一的分析和驳斥。具体如下:

其一,针对"人们信息短缺"的假设。按照乐观主义者的理解,人们存在着严重的信息短缺,信息短缺如同能源危机一样,能源危机可通过增加新的油料供应来解决,信息短缺的解决将通过信息技术的发展来实现。温纳一方面对人们是否真的存在着严重的信息短缺表示怀疑;另一方面他认为问题的关键不是人们信息短缺,而是人们缺乏运用信息解决问题的能力,目前这种能力即使在发达国家也相当地缺乏。例如,在现有美国军队的招募中,有相当比例的年轻男女被军队拒绝或解聘,原因是他们竟然不能阅读军事守则。我们毫不怀疑这些招募者从他们的生活经历、教育、大众媒体等获得大量关于世界的信息,使他们成为"功能性文盲"的原因是他们没有学会把这些信息转换成实际掌握的技能。[1] 在温纳看来,这种能力的获得非常重要,是靠计算机提供信息所不能解决的,需要大力发展教育来实现。

其二,针对"信息是知识"的假设。温纳认为,如果信息是知识的话,解决文盲和教育欠缺的问题只需要提供信息就可以了,最好的办法是在以前没有图书馆的地方建立储备很好的图书馆。当然,前提是人们受过一定的教育,并有能力利用这些图书馆来增长他们

---

[1] Langdon Winner. The Whale and The Reactor: A Search for Limits in an Age of High Technology [M]. Chicago: University of Chicago Press, 1986: 109.

第二节 信息技术并不必然带来平等和民主

的知识。然而，乐观主义者并不考虑这些，他们着迷于某种特殊的技术，并把通过网络提供信息作为解决问题的关键。的确，网络技术的合理利用可以提高一个社会的文化和教育水平。"计算和交流系统明智的建构和聪明的运用真的可以帮助一个社会提高阅读、教育和通识能力的标准。"①但是，温纳认为，只关注信息工具的改进而忽视人的思想的启蒙则是完全错误的。在温纳看来，信息和知识是两回事，有了信息不一定有了知识。

其三，针对"知识是权力"的假设。由于受培根的影响，很多人认为，知识就是力量。温纳认为，这是高度的误导。当然，知识从某种意义上讲的确是力量。例如，一个种植柑橘的农民获得关于霜冻方面的知识就能够使他采取措施避免农作物受损，一个候选人具有应付公众舆论方面的知识就能够给他的竞选提供有力的帮助。但是，知识和力量之间并没有必然的内在联系，特别是在社会或者政治的意义上讲它意味着是权力，这并不具有必然性。在许多影响权力现象的条件中，知识是一个但绝不是最重要的条件。② 的确，一些学者认为专业知识在政治中应该扮演一个特殊的角色，如柏拉图提出的哲学王、凡勃伦提出的工程师等。但是，从实际情况来看，柏拉图和凡勃伦等人提出的思想并没有实现。从这些事例中可以看到，有了知识不一定拥有权力。

其四，针对"信息获取的增长将促进民主的进步和社会权力的平等"的假设。就民主来说，许多伟大的思想家认为民主的关键是获取信息。一个民主的社会公众应该是思想开放和消息灵通的，极权社会的邪恶是统治者通过支配和封锁消息来限制自由。现在由于计

---

① Langdon Winner. The Whale and The Reactor: A Search for Limits in an Age of High Technology [M]. Chicago: University of Chicago Press, 1986: 109.

② Langdon Winner. The Whale and The Reactor: A Search for Limits in an Age of High Technology [M]. Chicago: University of Chicago Press, 1986: 110.

## 第七章 信息技术革命前景的迷茫

算机的出现,使得人们获取信息变得容易,从而促进了民主的发展。温纳认为,这是一种误解。在他看来,民主并不是唯一建立在信息可获得的基础上,民主社会应该建立制度允许甚至鼓励民众大范围的民主参与。如果人们依靠计算机数据库和远程通信作为运用权力的主要手段,可以想象从实践中获得的第一手资料将完全消失。而民主政治的有效性需要依靠人们心甘情愿地一起行动去追求他们共同的目的,它有时要求社区的成员直接面对面地表达他们的想法,准备做什么以及如何去做,这与现在所倡导的通过计算机参与的民主模式有相当的不同。温纳对公民直接参与和通过计算机参与民主的模式进行了对照。例如,在1981年和1982年有两组欲阻止国际核武器军备竞赛的活动家,一组基本上选择依靠大众传播系统传达信息给公众,它的领导人出现在所有三个主要电视网络的早上脱口秀和晚上的新闻节目中,同时,其成员根据计算机数据库提供的地址群发邮件。另一组是核武器冻结运动,通过英格兰城镇会议对于双边的核武器冻结提供建议。英格兰城镇会议是一个公民直接参与的模式,核武器冻结团体通过在全国各地召开的数千次会议赢得了广泛的支持并提出一系列的倡议。两个运动的结果显著不同,第一组除了获得最初的影响外,后来基本上失去了影响。核武器冻结运动获得了持续的影响。后来,核武器冻结运动也用电子邮件、电视露面等相类似的形式不断扩大其影响,但是它从未忘记它的力量之源:人们一起致力于实现共同的目标。[①] 可见,仅仅依赖于信息技术的发展就能促进民主进步的思想是错误的。就平等来说,乐观主义者认为,计算机将成为实现社会平等的有效工具。随着个人电脑的运算能力越来越强,价格越来越便宜,操作越来越简单,配备电

---

[①] Langdon Winner. The Whale and The Reactor: A Search for Limits in an Age of High Technology [M]. Chicago: University of Chicago Press, 1986: 112.

脑的普通个人将能够反对大型集权组织的影响，社会将逐步地走向平等。温纳认为，这种认识是错误的。从实践来看，信息技术的运用有利于那些原先处于支配地位的社会权力集团。在力量与力量的竞争中，更大、更复杂、更好装备的竞争者通常拥有优势。虽然计算机的使用能够对社会的权力造成一定的影响，但是它并不必然改变权力的相对平衡，就像一个驾驶滑翔机的个人无法与美国空军相比一样。

通过以上分析可见，乐观主义者对信息社会的政治期望只是一个幻想。在温纳看来，仅仅通过信息技术的发展带来社会的平等和促进民主的进步的观念是完全错误的。他指出："计算机的广泛使用将促使等级粉碎，不平等推翻，参与活跃，集权瓦解的信念简直经不起近距离的审视，信息＝知识＝权力＝民主的公式缺乏任何实质性内容。"[①]

## 第三节　信息技术引起社会政治变化值得关注的几个问题

信息技术的发展对社会造成了巨大的冲击，引起了社会政治生活的变化，在给社会带来进步和希望的同时，也带来了诸多的社会政治问题。温纳主要提到了以下三个方面的问题：

### 一、对社会的监控

温纳认为，信息技术的发展将对人们的隐私造成威胁，一个电

---

[①] Langdon Winner. The Whale and The Reactor: A Search for Limits in an Age of High Technology [M]. Chicago: University of Chicago Press, 1986: 113.

子信息丰富的时代在给人们带来便利的同时将以人们自由的失去为代价。当人们运用电子工具进行购物、取款和发邮件时，这些活动可能被监控。现在监控技术已发展到令人难以置信的程度，增加了人们隐私外泄的风险。美国权威新闻杂志《福布斯》警告读者，工作场所的监视、在线监控以及对电子网络中的数据追踪的能力使得一些人和组织能够获取人们日常生活中最私密的细节。这种威胁扩展到个人领域以外，将会影响到公众的自由。监视技术将使人们变得无处可藏，记者 Ann Marsh 担心信息网络将使我们所有的人成为国家的奴隶。① 造成如此状态的原因并不必然是由人们对计算机系统的误用引起的，而是计算机系统本身就存在着这样的风险。

## 二、权力的失衡

温纳认为，一个计算机化的世界必然会改变人们的社交环境。微电子技术的大量应用，将大大减少人们做事情的中间环节。以银行为例，自动柜员机的出现，将使许多小的、地方性的分支银行消失。而这些地方以前不仅是人们办业务的场所，而且也是人们碰面、谈话和交流的地方。尽管社会的计算机化为人们的生产和生活带来了更高的效率和更大的便利，但减少了人们呆在一起、工作在一起的机会，这样发展的结果是带来了人们面对面联系的减少，而这种面对面的联系非常重要，它在个人和组织的权力之间起着重要的缓冲作用。随着面对面联系的减少，人们现在很大程度上容易受到公司老板、新闻媒体、广告和国家领导人的影响，导致权力失衡状态的出现，而目前我们还无法找到一种新的制度去平衡和协调这种

---

① Langdon Winner. How Technomania Is Overtaking the Millennium [N]. Newsday Inc., Culture Watch, 1997-11-23.

权力。

## 三、社会政治关系的重构

温纳认为，信息技术的发展对社会政治秩序带来了巨大的挑战，原有社会政治秩序的基本结构将面临着重铸的可能性。互联网的出现在很大程度上实现了对时间和空间的征服，人们在不同的地点可以同时从事某种活动，打破了人们活动要受到时间和空间限制的传统，这必然会对原有的政治关系带来巨大的冲击。随着互联网的发展，原有的国家界限将逐步消失，规模巨大的跨国公司的出现就体现了这种趋势。过去，公司成立分支机构主要考虑空间的邻近，现在由于有了互联网，使得进行大规模的有效管理成为可能。通过电子信号的联系，可以在世界各地建立它的分支机构，这样导致超大规模的跨国公司出现。过去的公司注重对当地社区的责任，强调"好邻居"的关系，现在由于公司可以建立在各处，这种责任容易消失。跨国公司把个人、城镇、地区和国家结合在一起，迫使它们为其服务，从而形成了新的权力中心。在这一过程中，国家的权力将下降，它只是跨国公司表面上的"家"，这样政治权威将逐渐地被重新定义。

温纳从技术政治哲学的视角，比较全面、深入地分析了信息技术对社会政治造成的影响，提出了很多有价值的思想。他指出，在信息成为意识形态的今天，我们对信息技术的政治前景不能盲目的乐观，信息技术并不必然带来平等和民主，反而带来诸多的政治问题。温纳认为，这是由于人们更多地追求经济利益，缺乏对信息技术革命必要的反思造成的。信息技术革命像蒸汽机革命和电力革命一样，引发了社会的巨变，导致社会产生了新的制度、新的行为模式、新的感受性和权力运用的新背景。对于新的革命带来的这些变化，我们有必要进行深刻反思。"我们心照不宣地承认这些情况需要

## 第七章 信息技术革命前景的迷茫

反思，甚至可能采取强有力的公共行动去确保结果是值得的。但是，反思、争论、公众选择的场合的确极其少见，重要的决定掌握在私人手中并被狭隘的经济动机所驱使。"①在实际生活中，计算机硬件和软件工程师、微电子公司的经理、计算机推销员们很少去讨论信息技术革命的目的和意义。他们忙于追求自己的目的：利润、市场份额，可观的薪水，发明的内在喜悦，编程的智力报酬，拥有和使用强有力机器的快乐。② 为了保持在信息技术产业中的竞争优势，他们必须时时争先。这如同一个游戏，你赢了一局，将准备赢下一局，你赢了这个机器，将准备制造下一个更新的机器，这一过程有自己的惯性。因此，人们没有时间去思考他们活动的历史意义。温纳提出的这些思想值得我们思考，他要求我们对信息技术的发展保持几分清醒。

---

① Langdon Winner. The Whale and The Reactor: A Search for Limits in an Age of High Technology [M]. Chicago: University of Chicago Press, 1986: 117.

② Langdon Winner. The Whale and The Reactor: A Search for Limits in an Age of High Technology [M]. Chicago: University of Chicago Press, 1986: 101.

# 第八章 技术困境消解的途径和出路

适用技术的失败和信息技术革命前景的迷茫，表明技术的困境依然存在。面对技术的困境，一些学者企图从自然、风险、价值等方面来寻求解决问题的良方。针对这些方法，温纳并不满意。他认为，虽然这些方法取得了一些成效，但总的来看是有问题的。其中，回归自然太模糊，风险评估太冒险，价值探讨过于空洞。温纳在对这些传统的解决途径和方法进行批判的同时，对技术的民主控制则大力推崇。

## 第一节 温纳对传统解决途径和方法的批判

### 一、回归自然太模糊

当人们面对技术带来的困境和危机时，往往诉诸自然，希望自然能够作为指路的明灯。"许多政治理论恰好以这种注解开始，作为显式或隐式的前提主张：这是自然的方法；这是自然自身设置在我们面前的道路。同样的，许多对人类制度的批判，包括对技术社会的批判，建立在这种指责之上：我们正在做的与大自然的力量极其相对，我们必须纠正我们的方式或者接受最严厉的审判。"[1]然而，自

---

[1] Langdon Winner. The Whale and the Reactor: A Search for Limits in an Age of High Technology[M]. Chicago: University of Chicago Press, 1986: 121.

然的概念是模糊的，人们对自然的看法多种多样甚至相互矛盾。对于一些人来说，自然带来冲突，对于另一些人来说，自然带来和谐；对于一些人来说，自然存在的真正实质是理性和秩序，对于另一些人来说，自然隐约作为悸动的非理性的激情；对于一些人来说，自然是温暖、营养和安慰之源，对于另一些人来说，自然是一组可怕的威胁力量。在不同的历史时期，同样的自然概念承载着不同的、有时相互对立的含义。比如，自然被中世纪的基督徒看做是鬼魂出没、令人害怕的"荒野"，以工业社会的眼光来看，通常被认为是美丽的、激动人心的地方。在现代技术社会，自然的含义与环境、生态和生态系统相关，争论的问题是人们如何摆脱现代技术的困境，寻求一条正确的健康发展之路。这一时期人们对自然的看法，主要有以下几种：

第一，自然是一个经济商品的库存。

当代"环境"刻画出现代工业文明的特征：对物质世界的控制和利用。"环境"以前被看做是征服的目标，现在指的是我们进驻和接管的地方。虽然人们在开发自然的过程中出现了滥伐森林、水土流失和矿产资源浪费等问题，但人们认为没有理由怀疑人类拥有和处置自然资源的权利，没有必要重新审视人类对自然创造物拥有所有权的旧有理论。在洛克看来，人们面对自然并尽力把它们变成自己的个人财产。温纳认为，"洛克理论的意义在于社会建立之前所有权实际上就已产生。当自然的状态证明不足以给生命和财产提供保护，人们就以契约的形式结合在一起建立公民社会和政府。为了保证安全地使用作为一个巨大的有用原料储备的自然，我们离开自然的状态，这种转变使得自然被彻底地认定为经济商品的库存"。①

温纳指出，从经济的视角看待自然，并不依赖于从自然或者从

---

① Langdon Winner. The Whale and the Reactor: A Search for Limits in an Age of High Technology[M]. Chicago: University of Chicago Press, 1986: 124.

## 第一节 温纳对传统解决途径和方法的批判

人类与自然的关系中吸取教训，复杂的经济和市场模式现在做得很好。传统的经济手段取得合理有效的结果是确保社会以正常运行的市场给每件东西以合理的价格。因此，经济学家关于环境问题的提议和公共政策的权衡建立在确保环境的价值以某种价格形式表现出来。假如成本收益的分析是真正合理的，那应该考虑以前被忽视的生产所耗费的环境成本和注意那些成本的公平分配。环境经济学家增添了其他重要的概念和进行政策革新，例如，重新讨论折扣率和建议新的方法以比较稀缺资源和环境质量对当代人和未来人的价值。在经济学家看来，环境污染问题是一个经济问题，必须以经济的术语进行理解。对于环境的价值，经济学家将进行诸如此类的讨论：它对于你值吗？你准备付多少钱购买新鲜的空气和干净的水？你将拿出多大的投资保护濒危物种？假如你认为花费你或者公众的钱去拯救一个特别的荒野保护区是重要的，你愿意花费多少？你最高的限度是多少？对于环境问题，经济学家将从成本和收益的角度进行权衡。Lester Thurow 认为，环境不是道德价值与经济价值相搏，它彻底是经济的。他建议以影子定价的方法证明环境的价值。因此，经济学家提出，给他们一个环境的原则，他们将给你看它的价格标签。经济学家通常对建立在道德承诺上的行为缺乏信心。经济学家对环境问题的讨论使得我们回到现实的金钱世界，他们认为野生河流、森林、濒临灭绝的物种等都有内在的价值，除非准备支持那些价值以真正的经济动机，否则这些价值将失去。经济学家用金钱对环境的价值进行衡量以便帮助我们进行选择，同时认为环境事务如同生意一样，最终的标准只不过是底线。由于自然的经济解释与工业化和功利主义相容，它广泛流行，受到了许多公司、政府机构甚至环境公共利益组织的支持。

第二，自然是一个濒临灭绝的生态系统。

爱默生认为，自然最终对人类的行为进行判决。在这种思想的影响下，George Perkins Marsh 在《人类和自然》一书中严厉地宣告，由于人类改变和破坏了自然建立起的关系和平衡，自然将对人类进行报复。他认为，人类对自然盲目改造可能会破坏生物圈的主要部分，这将给人类带来灾难。这种情况在20世纪的实践中得到了很好的验证，特别是自20世纪40年代起，由于技术的大量应用造成了各种不同的损害，如杀虫剂和除草剂的长期影响、武器空前的破坏性、物种的灭绝以及近年来出现的臭氧空洞、全球气候变暖、海洋污染等问题，一些人为此提出了自然是濒临灭绝的生态系统的预测。面对即将到来的灾难和灭绝，温纳认为，以经济角度权衡环境的价值是愚蠢的，他希望以生态理论为指导理解和判断现代社会的工作。"重要的是，注意怎样给预测灾难的道德权衡提供一个机会，采纳一个特殊的自然解释——生态理论——作为理解和判断现代社会工作的一个框架。"[1]

温纳指出，如果人们多关注类似于保持生态多样性等方面的自然律令，并利用它们对人们的行为进行指导，那将减少人们面临生存危险的机会。濒临灭绝的生态系统的观念建议我们采取行动源于我们对生存的恐惧。"假如我们的生存真正处于危险之中，社会生活的更多传统理解必须抛在一边，我们必须赶紧去发现处理生态危机的有效方法。"[2]William Ophuls 指出，当我们面对绝望的处境，唯一的办法是采取非常措施。传统的自由和经济利益的观念必须让位于强制权力。如果个人无限制地追求自身利益，最终会导致环境的破坏。为了避免环境的恶化和最终导致文明的毁灭，他建议我们要自我约束，甚至采取非常强制的手段，来限制个人一味追求自身幸福

---

[1] Langdon Winner. The Whale and the Reactor: A Search for Limits in an Age of High Technology[M]. Chicago: University of Chicago Press, 1986: 129.

[2] Langdon Winner. The Whale and the Reactor: A Search for Limits in an Age of High Technology[M]. Chicago: University of Chicago Press, 1986: 129-130.

和自由的权利。可见，自然是一个濒临灭绝的生态系统和自然是一个经济商品的库存至少在某些观点上完全不同。在这里，市场不能作为指导，它会给我们带来"公用地的悲剧"。假如极端的生态主义者说法是对的，它除了取消自由去保护自然外，并没有给我们留下多少选择的余地。

第三，自然是一个内在善的根源。

环境经济学家和生态灾难的倡导者致力于他们所认为的紧迫的环境问题，但是一些学者认为他们讨论的仅仅是表面的问题，人们需要从美学、道德和形而上学的角度来把握人类和自然的关系，需要改变我们的文化根基，在文化根基中注入真正的生态智慧，提倡人们不是征服，而是敬畏和遵从自然。以这种方式思考问题，具有里程碑意义的学者是 Lynn White。他在 1967 年《我们生态危机的历史根源》一书中写道，目前的污染、资源的耗竭和环境的退化等问题反映了我们的文化最根本的立场是指向物质世界，一个深深扎根于西方形而上学的立场。到了 20 世纪 70 年代早期，挪威哲学家 Arne Naess 认为本质上有两种解决环境问题的方法，一种是"浅层生态学"，另一种是"深层生态学"。浅层生态学的方法是，继续工业化国家的富裕政策，同时比过去更加明智地减少污染和节约资源，这在前面有所论述。深层生态学的方法是，同样关注污染的减少和资源的浪费，但也寻求在道德、政治和文化上抵制城镇化和工业化的破坏性，去追求生物圈更加积极的联系，它的中心是对生物平等性的拥护，拒绝人类中心主义的信念。深层生态学家认为，人类仅是百万物种中的一种，没有理由认为我们人类有权利去统治其他的物种，这只不过是人类狂妄自大的偏见。①

---

① Langdon Winner. The Whale and the Reactor: A Search for Limits in an Age of High Technology[M]. Chicago: University of Chicago Press, 1986: 132.

被认为深层生态学精神之父的 Aldo Leopold，他在 20 世纪 40 年代抛弃了资源保护的观念，认为一个系统仅仅建立在经济利益之上是没有希望的倾向，它最终会导致灭绝。虽然许多东西在人们看来缺乏商业价值，但是它们对系统的健康运行是必需的。作为一种替代，他倡导"生态意识"和"大地伦理学"，使人类从征服者的角色变成其中普通的一员。Leopold 并不满足于对自然和谐的模糊沉思，他尽力从人类是相互依赖的复杂生态世界的一部分来制定伦理准则。在他的影响下，很多哲学家和科学家尽力去建立一致的道德哲学，并利用科学规律为他们所开的有关环境问题的伦理处方进行辩护。根据深层生态学的观点，我们对于自然的看法应该从经济角度移开，例如，一座山所含矿产的市场价值无法与其作为荒野的一部分价值相比较。通过自由政治经济学界定的公共利益和私人利益无助于保护自然东西的内在价值，我们需要转变习惯于把所有的东西当做潜在商品来看待的观点。在深层生态学看来，"假如我们没有感觉到自然物工具价值以外的东西，就没有希望彻底改变我们文化中对环境的根本态度。假如我们这儿仅仅关注的是对于我们自己生存的恐惧，那么我们的改变很可能是丑恶的多于美好的"。①

温纳认为，上述三种看法并没有包括当代人们对自然的所有理解，但是它们非常具有代表性。这三种看法经常同时提出，它们之间的冲突是难以避免的。环境经济学对保护自然中没有量化、货币化的美学价值的企图缺乏耐心，它倾向于怀疑人们发现处于野生状态的事物具有内在价值的动机；相反，许多生态存在主义者和深层生态学家蔑视那些不支持他们主张的人，认为环境经济学者仅仅是问题的改革者而不是治愈者，因为他们并不去探究现代社会最根本

---

① Langdon Winner. The Whale and the Reactor: A Search for Limits in an Age of High Technology[M]. Chicago: University of Chicago Press, 1986: 134.

第一节 温纳对传统解决途径和方法的批判

的前提，而是寻求通过发展技术来减少人们不顾后果地掠夺环境所造成的危险。可见，由于人们对自然的理解不同，并且相互矛盾，当面对被现代技术弄得混乱不堪的情形时去诉诸自然，自然的回应往往是含糊的、不明确的。

二、风险评估具有冒险性

我们常常以风险评估的方法来探究社会的技术限制问题，但是风险评估的功能很难实现。因为怎样的安全是足够的安全，专家们有不同的意见。面对工业发展产生的环境和公众健康问题，温纳认为风险评估具有"保守"的意义，它倾向于维持现状。"现代社会每次开始回应关于不同的工业生产对环境和公众健康造成可能伤害的广泛范围的抱怨，有意识引进的风险评估增加了与众不同的保守影响。这儿的'保守'术语我的意思只不过是倾向于维持现状。虽然许多风险评估在政治意义上并不保守，对于我来说这个新方法的最终结果将使问题推迟、复杂化和混乱，相对自由地面对社会施加的限制，在某种程度上维持工业的现状。"[1]

风险评估并不寻求提供现代生活条件的一般评估，但是人们对其潜在的需求很强烈。这儿根本的问题是害怕——害怕伤害、疾病、死亡和不得不居住在恶化环境中的前景。例如，由于让公众担心敌人和核战争的威胁，军队从而赢得数以亿计金钱的武器购买计划。霍布斯是第一个谈及风险评估的学者，他给我们提供了人们为什么害怕的理由。霍布斯的基本观点是，人们由于不能达成一致将面临着相互伤害的担忧，即使是最强壮的个人在自然状况下、在没有防

---

[1] Langdon Winner. The Whale and the Reactor: A Search for Limits in an Age of High Technology[M]. Chicago: University of Chicago Press, 1986: 139.

## 第八章 技术困境消解的途径和出路

备时也易受到攻击,当人们认识到持续的恐怖萦绕着他们,他们将接受一个契约去建立一个有着合理权利和义务系统的政治社会。在现代工业社会的历史中,许多事例支持这样的信念,新技术公开危险地使用将不再长期得到容忍。新机器、化学药品、技术和大规模系统经常包含一个试验阶段,这一阶段会出现导致人们伤亡的问题。一般接受的标准是,明显的危险之源将通过个人和公众行动来消除,否则装置在真正使用时将打上问号。[①] 危险政治学对于社会正义政治学来说经常变成一种策略性补充或者一种替代。通过关注可能的危险,它希望赢得一个更加全面的社会批判和改革的支持。例如,Illich通过对医疗方面造成伤害的原因进行分析,并扩展到整个社会,认为现代生活的整个压制结构,是由庞大的、官僚的和以专家为中心的组织造成的。相类似的方法也被环保主义者、消费主义者和揭露政治丑闻的记者成功地运用,他们通过对造成健康和安全危险的披露去探寻更基本的问题。

以前我们在工业发展过程中谈论的诸如"环境危机"、"危险的副作用"、"健康危害"等术语,现在逐渐被当做"风险"问题来讨论。假如我们自己宣称去鉴别、研究和排解危险,那我们对于问题的定位是清楚的。当然,首先我们能够假定给予足够的证据,对健康和安全的危害极其容易地去证明;其次,当这类危险被揭露,所有理性的人们通常能够欣然地对处置它们达成共识。这样,当人们面对健康和安全的危险时,人们通常是寻求避免或者消除它。而现在把这些问题当做风险,问题就来了,很多情况下人们所做的是研究、权衡、比较和判断而无法取得共识,解决此类问题的行动倾向于推迟,最终更多的是维持现状。术语的转换带来了人们看问题方法的

---

① Langdon Winner. The Whale and the Reactor: A Search for Limits in an Age of High Technology[M]. Chicago: University of Chicago Press, 1986: 141.

改变。"当问题从危害/危险/威胁的概念转换到'风险'的概念,对待问题的方式将发生许多改变。"①最明显的联系是在原因和结果之间,例如空气污染和癌症之间现在充满了不确定性。由于科学知识和目前局势的限制,风险评估者不得不承认研究的结果经常具有高度的不确定性。关注特殊风险面临的不确定性,除了等待更好的发现外,谨慎对于有效地弥补一个可怀疑的伤害之源已经变得无足轻重。经常增加有关原因和结果的不确定性是风险评估者建立在成本和收益的计算上,寻求对于健康、安全或者环境的人造风险的弥补需要花费个人或者社会的金钱,人们需要考虑花费多少是合理、花费是否保证能够受益等问题。真正接受"风险"概念的情形是人们内在的具有了平衡相对成本和收益的意愿,在日常使用中这个词就暗含了"伤害的可能性",人们对伤害和所得会进行权衡。在商业贸易、体育比赛、彩票购买和赌博中,都存在着种种风险,但是一些人并不回避这些风险,甚至冒很大的风险以获得更多的利益。可见,"风险"概念与"危险"概念不同,其中暗含着自愿接受的思想。"风险概念倾向暗含着人们为了预期所得自愿接受可能受到伤害的机会问题。"②正因如此,对于风险,人们有时接受它;对于危险,人们通常寻求避免和消除它。

当代风险评估把科学的不确定性和成本与收益的分析聚焦于心理并发症的研究上。大量有趣和有用的心理研究探讨类似这样的一些问题,如人们能够准确地评估他们实际上遇到的风险吗?他们怎样较好地比较和评估如此的风险?为什么他们决定集中关注这些风险而不是其他的……通过对这些问题的研究发现,人们对日常生活

---

① Langdon Winner. The Whale and the Reactor: A Search for Limits in an Age of High Technology[M]. Chicago: University of Chicago Press, 1986: 143.
② Langdon Winner. The Whale and the Reactor: A Search for Limits in an Age of High Technology[M]. Chicago: University of Chicago Press, 1986: 145.

中面临伤害的相对机会的认识是相当模糊的。比如,明知道驾驶汽车有受伤和死亡的风险,但对此却并不担心,却去担心原子能或者环境污染的程度,这是非常不合理的。技术的进步带来的心理和社会问题人们无法解决并不奇怪,担忧来自各种各样的技术,这些担忧体现了人们内心的焦虑,这种焦虑被心理学家称之为恐惧症。一般人能够克服这种恐惧是因为现代技术可以给他带来不可估量的利益。人们常常以成本和收益来看待风险,如果能够获得更多的利益,冒一下风险是值得的。实际上,日常生活处处存在着风险,除草机、洗澡盆、电梯等都可能对人造成伤害,但人们并不因为它们可能带来伤害而放弃使用它们。相对于伤害来说,它们给人们带来更多的是便利和益处。可以说,风险是生活的一部分,没有东西一直是安全的。在我们的文化中,人们常常把冒风险作为一种美德,作为勇气的标志。在经济活动中,投入金钱、技能和名望在新的冒险中可以证明那个人是具有高尚品德的人。反之,则是懦弱的人。美国鼓励人们进行经济冒险,风险越高就越具有挑战性,因为那是保持美国正常运转和发展的最好方法。由于人们是这样一种对待风险的态度,导致经济发展在很长一段历史时期的现状是无数新技术应用的引进而很少考虑它们可能带来的伤害,从而带来诸多问题,这种状况需要改变。

温纳指出,人们对风险的理解是建立在某项实践活动会给他们带来好处的基础上,为了获得这个好处而不顾可能受到的伤害。在实际生活中,人们使用这个词去谈论任何情况表示他们愿意对预期的所得与可能的伤害进行比较。他们一般并不界定一个实践活动是风险,除非那个实践活动在某种程度上有预期的利益。与此相反,这种权衡和比较则用术语"危险"、"冒险"、"危害"、"威胁"来替代"风险"的概念,这些术语并不事先假定可能的伤害之源也是利益之源。否则,那些从一开始希望建议限制任何特定工业或技术的应用

第一节　温纳对传统解决途径和方法的批判

通过选择"风险"作为他们关注的焦点将处于不利的情况。因此，在温纳看来，"当人们接受风险评估作为一个合法的活动，他们心照不宣地接受他们试图否认（或者至少是困惑）的假定：让他们担心的目标或者实践必须根据它带来的一些好处来判定，他们自身至少是部分好处的接受者。"①温纳认为，这是一种赌徒的心态，以这种态度对待技术，必然给人类带来很大的危险。人类不仅可能输得血本无归，甚至连自己都会搭进去。温纳建议我们在选择"风险"作为任何领域政策讨论关注的焦点之前，需要彻底调查其他界定问题的可用方式。庆幸的是，其中许多问题采取了其他方式进行描述，并不当做风险进行讨论。例如，有毒废物处理点在你居住的社区附近不必定义为"风险"，可把它定义为有毒废物处理问题；汽车和工业烟囱的空气污染不必定义为"风险"，它仍然叫做原来的名字"污染"，如此等等。当然，我们抵制把许多安全、健康和环境问题错误地定义为"风险"，但这不意味着所有的问题都不能用风险来进行定义。在现代科学技术中，有些问题用风险定义是完全合适的，如 DNA 重组技术用风险定义就显得非常合适。

温纳告诫我们，如果风险评估是为了劝告我们珍惜和保存我们的文化或社会和环境中真正值得拯救的那些部分，那么这种工作是很有希望的。然而，我们经常看到的是可恶的破坏性的经济和技术思维传统，而不是引领我们设计更好的表达慎重和关注的方法，这样的想法经常证明是新的莽撞。温纳指出，我们要注意解决这样两类问题：② 第一，把不是风险问题从风险讨论中移出。例如，癌症、生育缺陷、死亡、受破坏的环境等明显地与获利的工业实践相联系，

---

① Langdon Winner. The Whale and the Reactor: A Search for Limits in an Age of High Technology[M]. Chicago: University of Chicago Press, 1986: 149.

② Langdon Winner. The Whale and the Reactor: A Search for Limits in an Age of High Technology[M]. Chicago: University of Chicago Press, 1986: 153.

这本来是伤害问题，而不能把它们看做风险问题。同时，把一些问题归于"风险"的范畴之下进行讨论。例如，原子能以前认为与风险无关，现在要归于风险的范畴之内。

第二，一项技术在某一背景下是风险问题，在另一个新兴背景下把它看做风险问题将是严重的误解。例如，rDNA 的研究在早期是风险问题，但随着研究的深入，出现致命失误的臭虫从实验室中逃离出来，给人类带来了可怕恶果的前景，这将不再是风险问题了。可以说，温纳提出的建议在一定程度上弥补了风险评估的不足。

通过上述对风险问题的讨论，我们认识到人们对"风险"和"危险"的理解是不一样的，承认风险就意味着自愿接受可能受到的伤害。因此，对技术进行风险评估就带有一定的冒险性。

## 三、价值探讨过于空洞

面对技术的困境和危机，人们诉诸价值，希望通过价值对技术文明进行指引。但是，价值这一术语过于空洞，它无力思考和准确谈论人类的幸福以及关于我们地球未来最根本的问题。

"价值"这一词的使用经历了从客观意义到主观意义的过程。它是一个很古老的英语单词，来源于拉丁文"valere"，在英国牛津词典中这一术语的意思是"某物值得"。例如，一个物品在物质交换中的价值或者一个人在其他人眼中的地位或价值。"价值"在 18 世纪和 19 世纪作为重要的概念被一些著名的经济学家如亚当·斯密、大卫·李嘉图和马克思等用在他们的社会和政治思想中，这里"价值"的意思是指在经济意义上某物值得。德国历史学家和哲学家尼采后来对"价值"一词的意思改变很大，价值经常以复数的形式出现，指的是构成一个人最基本动机结构的原则、理念、欲望等的总和或者是整个文化。尼采要重估一切价值，他认为现代工业社会已经陷入了颓废的虚无主义。尼采的价值并不是某种客观的东西，而是包含了主观因素。"价值"含义的根本性转换是20世纪以来人们对事实和价值的讨论，它使得价值的运用实现了从客观到主观意义的转变。"实际上在关于'事实与价值'的激烈讨论中，'价值'术语的意义出现了根本性的转换。以前价值有一个清楚的、简单的、客观的意义，现在以心理的意义广泛使用。直到19世纪，价值被作为某物的一个特性，一个人想要、寻求、使用或者保存的一个东西，因为它值得或者有价值。……但是，现在使用'价值'的语言风格是描述一个纯粹的主观现象，某种我们头脑中的东西。"① 这种转变导致了行为和价值前后位置的互换，人们以前追求和从事某些活动是因为那些活动有价值，现在变成了个人的价值观引导他们从事某种方式的活动。

价值意义从客观性到主观性的转换，产生了如下重要的影响：

第一，无法进行合理的比较。价值是一种主观偏好，使得每个人的价值不一样，你有你的价值，我有我的价值。世界好比是一个价值超市，人们谈论价值时如同进超市购物一样，每个人拥有一辆购物车，根据他们内心的情感选择各自想要的东西。由于价值是带有个人情感特质的主观性的东西，我们将无法进行比较。

第二，丧失了原有语言的丰富性。在传统的道德和政治语言中，价值的内容具有丰富性，而现在的价值像一个割草机一样，剪平了所有的意义领域。"以前我们谈论什么是好的、值得的、良性的或者合意的，我们现在归结到对'价值'的思索。以前谈及权利和企图宣称拥有哪些权利，现在倾向于'价值'的呻吟。不久以前，一个人能够提出理由证明某个特定行为是明智的，现在必须显示这个行为是

---

① Langdon Winner. The Whale and the Reactor: A Search for Limits in an Age of High Technology[M]. Chicago: University of Chicago Press, 1986: 157.

怎样符合某人的'价值'。"①由于丧失了原有语言的丰富性，我们无法将原先有着明显差异的事物区别开来。"假如在意见和原则、偏见和信念、欲望和需要、个人利益和集体利益之间有任何区别的话，人们越来越少地把它们区别开来。"②

第三，失去了对行为共同缘由的关注。当价值是主观的，问为什么要这样做而不是那样做将失去意义。因为每个人是根据自己的主观意愿去做，这样希望发现一个共同行为的合理理由将消失。从这些影响来看，价值这一术语已经丧失了其客观的基础，变得越来越空洞。

目前，当人们面对技术的不同选择时，往往依据价值进行权衡和选择。由于价值术语的空洞性，将导致选择的失败。尽管价值术语是空洞的，但是它在官僚政治和专家治国的谈论话语中仍扮演重要的角色。在面对社会问题时，政府机构通过对空洞价值的讨论可以不担心立法机构的批判，一些学术机构可以在"人类价值"的模糊标签下逃避，而不去直接涉及有关社会公正或者权力滥用的主题。正因如此，温纳希望我们不要浪费时间花在价值的空谈上，而要寻求更具体、更明确的语言来替代它。比如，谈论"人类的价值"或"社会的价值"，我们可以用"动机"、"消费者偏好"和"指导人类行为的一般道德准则"等具体的语言来代替。因为空洞的语言恶化了许多问题，生动具体的词汇为问题的解决提供了希望。针对我们要过怎样的生活这一问题，温纳不赞成我们在"价值"的探讨上浪费时间，那是没有结果的。因为"当你敲击那扇门，无论声音有多大，总没有

---

① Langdon Winner. The Whale and the Reactor: A Search for Limits in an Age of High Technology[M]. Chicago: University of Chicago Press, 1986: 158-159.

② Langdon Winner. The Whale and the Reactor: A Search for Limits in an Age of High Technology[M]. Chicago: University of Chicago Press, 1986: 159.

人回应"。①

## 第二节 温纳对技术民主控制的推崇

### 一、当代西方技术民主思想对温纳的影响

温纳虽然认为技术具有某种自主的特性,但是他的技术自主性思想相对比较温和,并没有完全否认人们控制技术的可能性。温纳批判了从自然、风险和价值等方面来消解技术的困境,认为此举意义不大。如上所述,因为它们并不能真正地解决问题。由于深受当代西方技术民主思想的影响,温纳的思想出现了从技术的自主论到技术民主控制的转变,温纳希望通过公众的民主参与来摆脱目前所面临的技术困境。

面对现代技术带来的种种问题,不少学者对技术的民主控制抱有期望。技术的民主控制指的是公众能够参与技术的设计、评估和决策,突出强调的是公众参与控制技术的能力。这一思想大致产生于20世纪70年代,在80年代末和90年代初获得重大发展。虽然学者们表达的思想各异,但对技术要求公众参与的认识是一致的,认为公众应该有权参与到技术对社会环境的塑造之中。Benjamin R. Barber 提出了参与性民主政治的思想,认为市民应当被纳入到技术的管理与控制之中。② Edmund Byrne 认为,对于技术,政府现在

---

① Langdon Winner. The Whale and the Reactor: A Search for Limits in an Age of High Technology[M]. Chicago: University of Chicago Press, 1986: 163.

② Benjamin R. Barber. Strong Democracy-Participatory Politics for a New Age [M]. Berkeley: University of California Press, 1984.

已经不能有效地进行管理，需要包括专家和外行市民在内的等各方面的共同努力。① Mary Tiles 和 Hans Oberdiek 认为，由于技术与政治选择之间可以相互塑造，因此当我们对于当代尖端复杂的技术进行政治选择时，需要考虑公众的需求。② Jill Chopyak 和 Peter Levesque 认为，要实现技术的良性发展，应该大力提倡公众参与决策的制定，因为这的确是一项对管理机构产生重大影响而切实可行的方法。③ 类似这样的提法还有很多，温纳除了受这些思想的影响外，笔者认为，哈贝马斯和芬伯格这两位学者的技术民主思想对他技术民主控制思想的提出影响较大。

哈贝马斯是当代思想界颇有盛名的学者，他的思想在哲学、社会学和法学等多个社会学科影响很大，近些年来成为国内外学术研究的热点。哈贝马斯承接了法兰克福学派的社会批判立场，在反思启蒙理性的基础上展开了对技术的哲学研究。他认为，当代技术发挥着意识形态的功能，在这种技术意识的统治下，社会生活偏离了合理化道路。为了把技术重铸为合理化的力量，他提出了技术民主的观念。这种技术民主建立在交往合理性的基础上，以话语民主为奠基，借助公共领域，实现技术专家、社会公众和政治家之间的对话和协商。哈贝马斯考察了晚期资本主义科学技术的特点，认为科学技术的发展出现新的趋势，即技术的科学化、技术的政治化、实践的技术化和社会的技术化。针对这种趋势，他立足交往行动理论，把技术纳入到话语原则的框架之中，通过民主的对话来医治技术带来的弊端。交往行动理论立足于主体间的交往理性，把话语原则确

---

① Edmund Byrne. Can Government Regulate Technology？[J]. Philosophy and Technology，1983.

② Mary Tiles，Hans Oberdiek. Living in a Technological Culture [M]. London：T. J. Press，1995.

③ Jill Chopyak，Peter Levesque. Public Participation in Science and Technology Decision Making：Trends for the Future [J]. Technology in Society，2002.

## 第二节 温纳对技术民主控制的推崇

立为合理化的维度和基准,强调在话语伦理的基础上平等、自由地对话,通过论证来实现主体间的相互协调、相互理解,从而达成共识。① 交往行为理论的话语原则实质上是要建立一种民主的对话机制。哈贝马斯认为,民主不仅仅体现为政治领域中的制度设计,而且更是一种交往行动中主体间的商谈制度形式,即话语民主。制度化民主的具体表现形式主要有议会活动、选举活动和行政管理中的民主制度;话语民主指交往行动中主体之间通过对话而达成共识的过程,它强调共同体内所有主体的参与,充分体现了主体的平等、自由和权利。② 在哈贝马斯看来,理想民主模式是所有成年公民在形成一种政治公众舆论的条件下,通过自身意志的深思熟虑的表达,以及对这种意志的实现实行有效的监督,将社会生活的发展完全掌握在自己的手中。在这种情况下,个人的权威将转化为理性的民主对话。哈贝马斯希望通过言语行为的三大有效性基础——真实性、正确性和真诚性,确立一个理想化的话语环境。针对自由主义和共和主义的民主传统,哈贝马斯提出了第三种民主观即程序主义的民主观,也就是他所说的话语政治。程序主义的民主观融合了自由主义与共和主义两方面的因素,并进行重构。相对于自由主义和共和主义,程序主义的民主观具有三大优势:(1)在程序民主那里,交往过程所体现的主体间不仅仅表现为议会、选举等制度化的商谈形式,而且还包括政治公共领域的交往系统中的商谈形式。(2)程序主义民主提供了一种话语合理性的原则,在这种民主概念里,行政权力始终与民主的意见形式和意志形式联系在一起。(3)程序主义民主将制

---

① 郑晓松. 技术与合理化——哈贝马斯技术哲学研究[M]. 济南:齐鲁书社,2007:289.
② 郑晓松. 技术与合理化——哈贝马斯技术哲学研究[M]. 济南:齐鲁书社,2007:299.

度化话语政治与文化传统联系起来。① 哈贝马斯在科学技术领域推行话语民主理论，提出了科学技术民主化实现的可能方式：首先，科学技术专家要有一种角色冲突意识，即一方面作为科学技术专家，另一方面作为国家公民，因此他们有必要反思自己所从事研究的实践后果；其次，科学技术专家和政治家之间要有一种协商对话机制，科学技术专家给政治家出谋划策，政治家根据实际需要给科学技术专家分派任务；最后，科学技术专家要实现与社会公众的对话，因为科学技术的发展不仅仅是科学技术专家分内的事，也是整个社会所关注的问题，要让所有公民对其有所了解，并进行讨论和反思，如此才能保证科学技术的健康发展。然而，现实情况是科学技术专家不愿意也无法了解公众需要什么样的科学技术，而公众无法知道科技发展的状况和未来的规划，这是我们需要大力改变的。虽然哈贝马斯的技术民主化理论过于理想化，在现实生活中操作很难，但他提出的程序主义、公共领域、科学技术专家与政治家和社会公众的对话，对温纳的技术民主控制思想的提出具有重要的影响。

芬伯格的技术民主化思想对温纳的影响是直接的，芬伯格和温纳都是美国同时代的技术哲学家，他们相互很熟悉，并且还共同编辑了一个论文集《技术社会中的民主》。芬伯格借鉴了SSK（知识社会学）的社会建构思想，试图打开技术的黑箱。他以技术代码为基础，构建了他的技术民主化理论。芬伯格认为，技术既非技术工具论所认为的完全中立的工具，也非技术实体论所认为的独立自存的实体，而是受到一定社会道德、政治、美学和文化等的限制，这些限制在技术的设计过程中沉淀于具体的技术之中，成为技术的内在组成部分。因此，技术包含了技术本身和社会的因素，这两种因素的综

---

① 郑晓松. 技术与合理化——哈贝马斯技术哲学研究[M]. 济南：齐鲁书社，2007：306.

合体就是"技术代码"(technical code)。在对技术代码的分析中，芬伯格认为利益是历史上非常明显的、强有力的和持续的动力，因此利益分析成为他技术代码分析的起点。芬伯格对人们通常把技术等同于效率的认识持反对态度，认为单纯的效率标准并不能决定技术，现实的技术的形成要受到效率标准和许多其他利益的影响。针对人们普遍存在着利益的介入会导致效率降低的担心，芬伯格认为这并不必然降低效率，它只是将效率的成果偏向某个方向。可以说，技术代码就是以技术方法解决问题的一种利益的现实化。在芬伯格看来，技术代码反映的不是下层群众而是占统治地位的社会群体的利益或观点。技术代码就像一种潜在的规则，暗含在人们的行为和态度中，使得占主导地位的霸权者根据自己的利益来设计和实施技术，从而维护自己对技术的操纵，同时也压制技术的各种潜能。"批判理论表明这些代码是怎样无声息地沉淀价值和利益于规则和程序中，装置和人工制品通过一种占主导地位的霸权使权力和利益的追逐成为惯例化。"①技术代码一旦形成，就具有相对的稳定性。它成为人们日常生活中普遍的、文化上加以接受的特征，被认为是一个应该如此的技术和法律的标准。正因为如此，从而产生了技术必然性的臆想和技术决定论的论断。虽然在技术代码中所体现的是技术霸权者的利益和价值，但是它并不是一成不变的。如果被压制者或社会的弱者认识到自己的利益并进行反抗，随着越来越多的利益相关者的觉醒，技术代码是可以发生改变的。可见，芬伯格的技术代码既包含了技术本身的因素，又包含了社会的因素；既具有相对稳定性，又具有变动性；既体现了统治的霸权，又有打破霸权的潜能。它是技术本身的因素和社会因素、稳定性和变动性、操纵和反抗的统一。

---

① Andrew Feenberg. Transforming Technology [M]. New York: Oxford University Press, 2002: 15.

芬伯格不仅从理论上，而且以大量的案例揭示技术代码概念的内涵。例如，在医学中，长期占统治地位的技术代码是：医学治疗纯粹是医生主导的一种技术活动，患者只是其中的一个标本，只需配合医生的治疗而已。但是，这样的技术代码并不是不变的，而是可以改变的。近年来，在艾滋病治疗领域，由于艾滋病患者的反对，他们要求有更多的接近实验治疗的机会，最终打破了以往只由医生主导实验、治疗的惯例，从而改变了传统的技术代码。技术代码的内涵显示：一方面，现有的技术并没有顾及社会各阶层特别是弱势群体的利益和价值，它是技术霸权阶层利益和价值的体现，社会弱势群体的利益和价值往往受到压制和忽视；另一方面，技术并没有一成不变的本质，它可以被各种不同的社会利益所塑造，打破现有的技术霸权使其能包含更多参与者的利益和价值是可能的。因此在技术领域推行民主具有必要性和可行性。为此，芬伯格提出了"民主的理性化"思想。芬伯格认为，技术理性并不像传统技术哲学那样只有对效率的关注，它还包含着社会意义和文化视域。技术是待确定的，它既可以维护技术霸权，又可以建立民主制度。芬伯格把这种建立民主制度的思想称之为"民主的理性化"。"民主的理性化"就是要实现那些被系统忽略或拒绝了的技术潜能的附属方案的结果，为技术民主化提供了可能性。① "技术民主化"是"民主的理性化"思想如何在实践中实现的过程，它指的是扩大技术参与者的利益范围，特别是要给那些缺乏金融、文化或政治资本的社会角色赋予获得技术设计过程的权力。

芬伯格从两个层面对技术民主化的实施方式进行了探讨，一个是微观层面，指的是技术本身的民主化，强调在技术设计过程中的

---

① 朱春艳. 费恩伯格的技术批判理论的内涵[J]. 东北大学学报（社会科学版），2008(5).

## 第二节 温纳对技术民主控制的推崇

民主变革。他大力倡导公众能够参与技术设计，因为这样的话在设计过程中能够把更多的利益和价值纳入进去，从而改变现行技术只代表少数技术霸权阶层利益和价值的状况。芬伯格批评那种非技术人员参与技术设计不利于技术发展的错误说法，认为在技术设计过程中公众的参与不仅是无害的，而且还有助于解决目前我们面临的技术困境问题和去实现更加公正、合理的社会。在《追问技术》一书中，他还提出公众直接实现技术民主的几种具体方式，即技术争论、创新对话和参与设计、创造性的再利用。① 当然，技术民主的实现不仅仅限于这几种方式，在实际的技术实践中还会创造新的方式。另一个是宏观层面，指的是在技术行为中外行和专家之间在权力分配上的民主化，涉及技术机构在社会中的民主化运作。与这种民主化相对应，芬伯格在传统代议制民主的基础上提出了技术代议制。技术代议制指的是不同利益群体的代表提出技术的社会和政治要求，通过协商使这些要求达到一种平衡并沉淀在代码中。但是技术代议制实际操作起来并不容易，它涉及人们的意识和立法等诸多方面的因素，需要我们付出长期艰苦的努力。

由于技术民主化区别于那种仅是法律程序上的变化而在实际的技术领域中权力关系并没有发生变化的形式上的民主化，芬伯格称其为"深层民主化"。虽然技术民主化在实现过程中有很多困难，但芬伯格仍然对这种"深层民主化"抱有期待，因为它给我们以希望，能够为我们提供技术统治主义之外的另一种选择。芬伯格技术民主化理论中的公众参与、外行与专家之间的权力分配民主化、技术代议制和立法对温纳的民主控制思想的提出也产生了重要的影响。

---

① Andrew Feenberg. Questioning Technology [M]. New York：Routledge，1999：121.

## 二、温纳的技术民主控制思想

温纳认为,要克服技术的困境,我们构建的技术需要满足三个原则:(1)技术应该被赋予一个规模和结构,使得非专业人员能够直接理解;(2)构建的技术应具有高度的弹性和可变性;(3)应该按照技术的依赖程度对其做出评价,那些造成更大依赖性的技术被认为是较差的。① 在温纳看来,现代技术的一个主要缺陷是受它影响的人对其设计和运行很少或者没有控制权,要改变这种状态,这就需要更多的人对技术的规划、设计和运行有更多的知情权和控制权,而不仅仅局限于专家。由于深受当代西方技术民主思想的影响,温纳对技术的民主控制比较推崇。他认为,通过更多地实现民主化,技术的控制是可能的。"我的确认为技术的控制是可能的。在许多技术设计、技术应用、技术管理的领域,我认为应当更多地实现民主化,也就是说,普通人、非专家人士都有发言权,他们能够积极地参与技术决策中,决定技术是什么,决定技术对其生活而言的影响是什么。"②

温纳以罗伯茨的经历为例,揭示了一场现代社会技术民主化的成功运动。罗伯茨是一个残疾人,他掀起了一场维护残疾人权利的运动。在这场运动中,罗伯茨及其同伴认为,他们所面临的局限不仅仅是身体上的,还受到其周围环境和其他设施特性的影响。为了平等,需要彻底重新设计这个世界。他们提出,"一旦他们坐在轮椅上,他们就需要许多创新,如:除去路沿,改善坡道,改进建筑物

---

① Langdon Winner. Autonomous Technology: Technics-out-of-control as a Theme in Political Thought [M]. Cambridge: The MIT Press, 1977: 326.

② 陈凡,朱春艳. 全球化时代的技术哲学:2004 年"技术哲学与技术伦理"国际研讨会译文集[M]. 沈阳:东北大学出版社,2006:259.

和一些公共运输的电梯,调整计算机硬件和软件等其他数不尽的改进,他们认为,法律的平等保护要求促使其彻底重新设计这个世界"。① 罗伯茨领导的这场残疾人运动是成功的,使得美国在1990年通过了残疾人法案,并针对残疾人对一些公共技术设施进行了改进。在温纳看来,残疾人的运动是根本民主的社会运动,它揭示了有关新技术和旧技术选择民主化的极大可能性。在这场运动中,残疾人的声音、观点以及他们的要求在以前无法想象的许多方面改变了研究、开发和技术应用的模式,现今很多人造物被重新设计和建造以照顾到这些少数群体。根据罗伯茨的故事,温纳认为它说明了一个道理:知识、政策和技术领域的变革只有在那些直接受影响群体自己决定发表意见、协商并采取行动来塑造技术的时候才会发生。② 但是,从目前大多数社会的主导趋势来看,并不是从事类似于对技术的民主塑造。因为,在大多数人眼里,新设备和装置是工程师和技术专家在实验室里通过辛勤劳动的发明创造,而不是通过复杂的社会协商和社会群体的交互作用创造出来的结果。

人们普遍认为新技术的到来会使我们的生活发生很大的变化,但并不认为自己应该在技术变革的协商中发挥一定的作用。在他们看来,民主和自由以某种方式内在于技术设备本身当中,因此没有必要民主地塑造任何特定的变革。实际上,对于商业、政府和大学人士来说,他们之间存在着这样一个强烈的共识,即认为在技术研究、开发和应用过程的早期,普通市民不需要囊括在选择决策当中。人们一再被告知,技术的发展不可避免,未来已经被安排好了,你没有选择和协商的机会,唯一所做的就是等待。在温纳看来,这样

---

① 陈凡,朱春艳. 全球化时代的技术哲学:2004年"技术哲学与技术伦理"国际研讨会译文集[M]. 沈阳:东北大学出版社,2006:185.
② 陈凡,朱春艳. 全球化时代的技术哲学:2004年"技术哲学与技术伦理"国际研讨会译文集[M]. 沈阳:东北大学出版社,2006:186.

的观念是不对的,我们需要探究将民主参与包含在技术设备和技术选择形成过程中的可能性。他指出,"越是扩大参与到新技术的塑造过程中的呼声、思想和提议的范围,就越有可能产生更好的结果"。①

目前,技术民主形成的观念开始在一些国家流行,一些国家也进行了有益的尝试。在这里,温纳探讨了两种比较典型的技术民主发展模式:一个是丹麦的共识会议,另一个是方案工作室。共识会议是由丹麦技术管理委员会在 20 世纪 80 年代首创,这个委员会是由丹麦国会资助的组织,自 1987 年以来,这个委员会已经组织了关于食品辐射、基因工程、空气污染、电信和汽车未来发展等方面的多次共识会议。为了组织召开好共识会议,首先要确定一个会议的主题,随后成立一个指导委员会以监督会议的组织情况。接着,在全国招募公众志愿者,从这些志愿者中通过随机选择产生由 14 名公众组成的小组,小组成员对会议的主题应没有预先的知识背景和预定的旨趣,并且其成员的性别、年龄、教育程度、职业类型等方面应有所不同,以尽量确保公众代表的公正性和广泛性。在这些工作完成以后,就进入会议阶段。在随后的两周时间里,小组成员针对会议议题进行广泛和深入的讨论,征求专家的意见,和专家之间进行互动,进行内部审议,力图达成共识,并最终将讨论的结果以报告的形式提交给国会。为了保证会议公开、透明,鼓励更多的人参与其中,会议对公众和媒体开放。共识会议对丹麦国会的立法产生影响,通过立法对一些技术进行限制和禁止。制造商根据共识会议的报告,对一些产品进行更新和改造。同时,丹麦民众也在一定程度上提升了对科学技术议题的认识。另一种技术评估方法是方案工

---

① 陈凡,朱春艳. 全球化时代的技术哲学:2004 年"技术哲学与技术伦理"国际研讨会译文集[M]. 沈阳:东北大学出版社,2006:189.

作室，它是20世纪90年代兴起的一种参与工具。这种模式取得成功的关键在于能否把公众中的主要利益相关者召集起来，共同参与技术的决策，形成共同的方案。这种把相关人员普遍召集起来共同商议问题的模式具有一定的优势，但要把利益相关者有效地召集在一起，达成一致的意见，其结果和过程比共识会议更加复杂。在温纳看来，在这种模式中，涉及政策制定者、企业代表、专家和公众四者之间的对话，他们共同商议解决方案并提出关于未来政策的观点。为了吸引更多人的注意，增加透明度，该模式与共识会议一样，其过程和结果也对公众开放，并且最终把形成的提议提交给国会，交由国会慎重考虑。温纳指出，方案工作室关注的是诸如城市生态等方面的问题，近年来更多的方案关注于信息和通信技术，比如数字自助服务、数字医生、电子监督与安全等问题。

从这两种模式来看，新技术的形成通过广泛的民主协商来解决是可能的。在温纳看来，虽然这些模式远远没有达到真正的民主，但是为公民民主参与技术的决策提供机会，使普通公众的声音能够被听到。"它们的确为公民提供了一些新的机会，使公民们参与到将会影响社会、经济、政治的技术的有意义的讨论与选择中。"①温纳不仅对技术民主协商的模式进行了探讨，而且在大学里讲授技术设计时给学生们灌输技术民主化的观念，同时积极投身于技术民主化的社会实践活动。

为了实现技术的民主化，温纳还希望通过立法，把公众参与技术作为一项基本的人权和公民权，并且这一主张适用于地球上的所有人类即所有人都有权影响那些使其生活发生改变的技术塑造。"就我的思考而言，这种认识适用于我们地球上的所有人类。当我们日

---

① 李志红. 关于技术自主论思想的探讨——访兰登·温纳教授[J]. 哲学动态，2011(7).

益回到人类生活极大依赖于各种技术——包括尖端技术和简单技术——的时候,在决定何种技术被创造以及这些技术如何运作方面拥有积极的发言权,这一点对于全球所有地区的人类幸福而言都是至关重要的。否认这一点将明显是对人性的日益否认。"[1]当然,温纳的这一思想比较超前,还没有在实践中付诸实施,但为技术民主化的发展指引了新的方向。

---

[1] 陈凡,朱春艳. 全球化时代的技术哲学:2004年"技术哲学与技术伦理"国际研讨会译文集[M]. 沈阳:东北大学出版社,2006:193.

# 第九章　对温纳技术政治哲学思想的评价

温纳的技术政治哲学思想为我们揭示了技术背后深刻的政治内涵，使我们对技术的认识耳目一新，具有重要的进步意义。不过，我们在高度评价温纳思想的同时，也要认识到他的思想存在着一定的缺陷。因此，对于温纳的技术政治哲学思想我们要采取辩证评价的态度和方法。

## 第一节　温纳技术政治哲学思想的进步意义

### 一、深化了技术自主性思想

温纳对技术自主论的研究，深化了人们对技术自主性思想的认识。温纳对历史上的技术自主性思想进行了比较系统的考察，结合自己提出的技术自主性思想，他把这些思想归结为这样几种类型，即技术演化论、技术决定论、技术漂流论和技术命令论。

技术演化论认为，"技术的形成就像生物体的形成一样，经历着一个进化的过程。随着时间的推移，更新更复杂的技术逐渐取代更老更简单的种类"。① 新技术不断扩散，逐步蔓延到以前从未涉足的

---

① 李梅敬. 从温纳技术自主思想看技术合力论[J]. 唯实, 2007(8).

社会生活的其他领域。马克思是最早认识到技术演变与生物进化具有相似之处的思想家之一，他在《资本论》中就表达了这种思想。不过，马克思后来改变了这一看法，秉持技术决定论的立场。技术演化论把技术的变化看做是一个进化的过程，这将使人类的角色下降到次要地位，人类仅仅被看做技术的承载者，每一代将技术继承和传递到下一代。人类的行动并没有多大选择，而是去适应技术演化的环境。根据达尔文的进化论，埃吕尔对技术的发展得出相当悲观的结论。他认为，技术追求它自己的发展道路，越来越独立于人，这意味着人类越来越少地参与技术的创造，其作用下降为催化剂的水平。在埃吕尔看来，技术是自我增长的，它按照几何级数而不是算数级数的方式进行。人类的动机、决定和行动都是为技术的自我增长服务的，人类的干预无法限制它向前发展。按照埃吕尔的理解，某个特定的发明和发现都有它的时机，一旦时机来临，它传入这个世界就成为不可避免的事情。人类学家克罗伯同埃吕尔持相类似的观点，他通过对电话、电报、摄影术等发明的历史进行研究，揭示出这些成果都产生于两个或者更多的个体在同一时期独立进行的研究工作。由此，克罗伯认为，发明的产生在一定限度内可能是不可避免的事情。在温纳看来，埃吕尔和克罗伯的观点中都包含了这样一个前提——技术增长过程中人类是无关紧要的。目前，技术的演化达到如此的高度，它的变化和发展几乎没有人类决定性的干预。综合其他技术演化论者的观点，都有这样一个共识，即技术的进化使得人类的角色黯然失色，人类的作用将缩减到几乎没有。可见，"技术演化论是在技术研究中借用达尔文的生物进化论，主要从技术的产生、发展角度揭示技术也具有独立于人类干预的生命理论。在这种理论看来，技术追求自身的目标，并依据自身的逻辑来发展，人类只是第二位的，是技术演化历史的载体"。①

---

① 李梅敬. 从温纳技术自主思想看技术合力论[J]. 唯实，2007(8).

## 第一节 温纳技术政治哲学思想的进步意义

技术决定论无疑是技术自主性思想中最有代表性的思想,它摆脱了技术演化论从技术自身的变化来探讨技术自主性的局限,主要针对的是技术对社会的决定作用。目前,国内对技术决定论的权威界定见之于《自然辩证法百科全书》中,"技术决定论通常强调技术的自主性和独立性,认为技术能直接主宰社会的命运。技术决定论把技术看成是人类无法控制的力量,技术的状况和作用不会因其他社会因素的制约而变更;相反,社会制度的性质、社会活动的秩序和人类生活的质量,都单向地、唯一地决定于技术的发展,受技术的控制"。温纳也专门探讨了技术决定论,他指出,"在日常意义上,'决定'的概念指的是指引方向、决定进程、明确确立、固定某物的形式或者结构,任何技术的首要功能和它使用的直接条件是给予一组物质资料或一个特定的人类活动一个明确的结果"。① 从最强的意义理解,技术决定论建立在两个假设之上②:(1)一个社会的技术基础是影响所有社会存在形式的根本条件;(2)技术的变化是社会变化中唯一的最重要的源泉。几乎没有思想家愿意接受这种形式的决定论立场,Leslie White 是少数持这种立场的学者之一。他认为,文化系统分为三层,底层的是技术,中间层是社会系统,最顶层是哲学。这些层面表达了它们在文化中的各自角色,技术系统是最根本的,社会系统是技术的功能,哲学表达技术的力量和反映社会系统。技术的因素因此是文化系统整体的决定因素,它决定着社会系统的形式,技术和社会一起决定了哲学的内容和方向。对于技术决定论,温纳认为最为典型的是马克思。在马克思看来,物质生活的生产方式决定社会、政治和精神生活的一般特征。生产方式是生产力和生

---

① Langdon Winner. Autonomous Technology: Technics-out-of-control as a Theme in Political Thought[M]. Cambridge: The MIT Press, 1977: 75.

② Langdon Winner. Autonomous Technology: Technics-out-of-control as a Theme in Political Thought[M]. Cambridge: The MIT Press, 1977: 76.

## 第九章 对温纳技术政治哲学思想的评价

产关系的统一,这里的生产力包括了技术。他认为,随着新的生产力的获得,人们改变自己的生产模式;随着生产模式和生活方式的改变,人们改变自己的生产关系。手推磨产生以封建主为主的社会,蒸汽机产生以工业资本家为主的社会。人们不能自由地选择生产力,所有违背生产力的人类有意识的设计都不可避免地遭到失败。在很大程度上,人们是从上一代接受发现、发明和日常工作累积的成果。与此同时,技术还决定着人们需要的结构。随着技术的发展,人们将产生更多新的需要,比如,肥皂制造工业的出现使得我们对肥皂产生了需求。在技术对社会起着决定性影响的过程中,人们无法选择和控制,只是被动地适应这一过程。正如马克思的忠告,"人类创造了他们的世界,但是他们也被这个世界所创造"。① 一些学者对技术决定论持反对态度,他们认为我们几乎不可能挑选出任何一个因素作为解释这些变化的起源,技术或其他因素是主要的决定因素不能被证明。现实情况是,技术模式的大部分受社会存在条件的影响。比如,由于受文化差异的影响,同一种技术在日本使用与在西方国家使用就不同。"一个社会的特征和发生在其中的变化是一系列可能原因的结果——气候、地理环境、人口、宗教实践、市场、政治结构等,在我们目前的知识状态中,它不可能证明仅仅技术或者任何单独的因素是最重要的。"②一个新的装置仅仅打开了一扇门,并不强迫我们走进去。毕竟,社会有选择的自由,寻求技术变化过程中的决定因素是错误的。虽然决定论的观点充满着困难,但是温纳认为我们不必立即拒绝,因为像铁路的建造、电气化、泰勒主义、大众通信,明显是技术塑造了现代生活的具体形式。关于技术发展中

---

① Langdon Winner. Autonomous Technology: Technics-out-of-control as a Theme in Political Thought[M]. Cambridge: The MIT Press, 1977: 88.

② Langdon Winner. Autonomous Technology: Technics-out-of-control as a Theme in Political Thought[M]. Cambridge: The MIT Press, 1977: 76.

第一节　温纳技术政治哲学思想的进步意义

的决定论和选择问题，佩蒂·佩尔托为我们提供了一个这样的实例。芬兰斯维提加威地区的斯科尔特人在驯鹿放牧工作中有意识地选择雪地机动车代替传统的狗拉雪橇和滑雪橇，结果使得放牧人和动物保持亲密接触的古老冬季放牧工作变得不必要并放弃了。虽然雪地机动车带来了明显的经济效益，但也带来了一些副作用。雪地机动车影响了驯鹿的繁殖，带来了驯鹿数量的急剧下降，使得饲养它们的家庭显著减少。同时购买和保养雪地机动车带来了沉重的资金负担，使得一些家庭完全退出了这一行业。这些变化是斯科尔特人以前所没有想到的，新的技术从整体上重新塑造了他们传统文化所依赖的生态关系和社会关系。在佩尔托看来，技术——经济决定论和唯意志论都不足以解释斯科尔特人所经历的那种变革，在这一过程中既有决定论的一面，也有人类选择的一面。在他的研究中强烈地表达了这样一个思想，即经过选择和适当考虑带来的情形与新秩序带来社会条件的变化进而在引起适应性反应方面有很大的差别。①

在技术决定论无法成为定论，技术向高度不确定的方向发展，这种状态用技术漂流来形容更为合适。从表面上看，人们仍然充当技术使用者和控制者的角色，但是超出了"使用"和"控制"范围，在更广泛的语境中这个角色是值得怀疑的。随着技术革新速度和范围的增长，社会明显地面临着在一个大的"无意识的海洋"中漂流的可能性。一些学者已经意识到这样一个事实，即影响人们变化的许多因素是真正处于"未预期"或者"意料之外"的，通常这些与技术相联系的变化以相当快的速度发生，在某些情况下是"不可逆转"的。近年来，强烈抗议空气、水和噪音污染或者信息技术的传播带来隐私的失去等就体现了这一点。一项新的技术的出现，打开了实践可能

---

① Langdon Winner. Autonomous Technology：Technics-out-of-control as a Theme in Political Thought[M]. Cambridge：The MIT Press，1977：88.

性的广泛范围，但是它的使用是模糊的。在很多情况下，它的社会应用方向事先是不可知的。这样的事例比比皆是，如帕斯卡、莱布尼茨和巴比奇对于他们的计算机器在未来的使用没有任何暗示；波尔森没能预见他的磁带录音机的应用范围；法恩斯沃思在他的电视显像管的开发时期对其社会意义的认识仅为最有限的理解。行为结果的不确定性、不可预测性和无法控制性的根源在于世界的复杂相互联系。"存在于自然和人类社会的相互联系状态，长久地作为所有行为的主要风险之源，复杂联系网络的干扰使得整个过程从一开始就在行动者的有限控制之外。"①这种不确定性也是所有技术计划面临的一个主要问题。"假如一个人不知道源于技术革新结果的所有范围，那么技术合理性的思想——手段对于目的的适应——就变得完全有问题。手段更富有成效地超出我们限制它们的意图，它们完成的结果既非预期又非选择，似乎它们自身有既定的目标。"②然而，许多技术革新的"无意识结果"在很多情况下是能够很好地预见和避免的，比如污染、失业、特大城市以及其他自然和社会问题。对于这些问题，在多数情况下，我们发现自己既惊讶又无能为力，从而成为技术漂流的牺牲品。"无意识结果"有两个特点：(1)它们几乎总是否定的或者是不良的结果；(2)无意识结果并非真的无意识。③综合这些思想，我们发现这些思想指向西方社会过去两百年来一直存在着的一种隐性观念，这种隐性观念是当技术的最终结果范围既不可预见又不能控制时它最富有成效。也就是说，技术的发展总是超出我们的意图，这实际上也成为了我们意图的一部分。对于任何

---

① Langdon Winner. Autonomous Technology：Technics-out-of-control as a Theme in Political Thought[M]. Cambridge：The MIT Press，1977：94-95.

② Langdon Winner. Autonomous Technology：Technics-out-of-control as a Theme in Political Thought[M]. Cambridge：The MIT Press，1977：96.

③ Langdon Winner. Autonomous Technology：Technics-out-of-control as a Theme in Political Thought[M]. Cambridge：The MIT Press，1977：97.

技术革新的计划来说，肯定的结果实际上是我们潜在的预期或者隐含的欲望，否定的结果同样是我们不得不承受的必要的代价。因此，每一个意图中暗含着一个"无意识"，成为我们正在考虑的直接目标的一部分。可见，技术发展开启了通往新世界的门，但最后的形式是未知的。"尽管技术演进中存在人的选择，但事实上人们几乎没有引导技术的意愿，更不用说有引导技术的效果。直到今天，由理性或人类计划以任何方式限制技术创新向前流动的任何建议，必将遭到无情的反对。这就是技术梦游：我们如此心甘情愿地在人类生活条件重组的过程中梦游。"①

温纳认为，技术演化论只限于技术产生和发展的环节，忽视了技术与社会的关系；技术决定论太极端，温纳总体上并不赞成；技术漂流论虽然得到了温纳的认可，但这一立场并没有被采取。在温纳看来，这几种技术自主性理论在很大程度上忽略了一个非常重要的问题，那就是，从技术的影响或后果来探讨问题，而没有看到技术命令是技术创新的实在要求。温纳赞同技术命令论，这一思想我在前面的章节中已详细地论述过，这里就不再赘述了。与其他的技术自主论不同，技术命令论从政治的视角探讨技术的自主性问题，对技术自主论的发展起到了极大的促进作用。

## 二、丰富了 STS 理论

STS 是科学技术与社会(Science, Technology and Society)的简称，这一研究的基本动力来源于科学技术在当代社会作用的不断增长和科学技术社会一体化的现实。STS 的研究最早出现在美国，在 20 世

---

① 梅其君. 技术自主论研究纲领解析[M]. 沈阳：东北大学出版社，2008：88.

## 第九章 对温纳技术政治哲学思想的评价

纪 60 年代美国就兴起了以科学技术与社会之间的关系为对象的交叉学科研究运动。到了 20 世纪 80 年代末,这项运动获得了广泛的社会认同,在英国、加拿大、荷兰、德国和日本等国以各种形式积极发展着。90 年代以后,STS 研究获得了蓬勃发展,出现了全球化、多元化和整合化的趋势。

STS 的研究与传统科学技术与社会的研究方法不同,它是通过哲学、政治学、伦理学和生态学等各种人文和社会科学的角度来考察科技的运行,它的问题主要集中在科学知识和技术形成所涉及的群体、商谈和程序等方面,是把社会当做科学技术运行的内在变量进行研究。传统对科学、技术和社会关系的研究主要是为了加深对科学技术的本质和发展规律的认识,研究对象仍然局限在科学技术的范围内。STS 则把"科学、技术和社会的相互关系"作为一个系统的整体,不是从社会外在层面看待科学技术,而是从内在视角分析科学技术与社会的内在关联,它是一种科学技术与社会互动的理论。美国技术社会学家鲁迪·沃尔梯(Rudi Volti)认为,"人们通常有一种假定:技术是一种促成种种社会调整与文化调整的重要外在的力量。即把技术作为社会外在的力量。因此,需要将技术研究融入内在视角的社会学研究之中。但是如果技术社会学要想成功的话,就不能满足于对技术后果的研究,而且还要引入最为具有潜力的'技术的社会形成过程'的研究,这一研究,是一种内在主义的科学技术建构"。[①] STS 研究认为,科学技术的发展不仅是主体的个体行为,更是一种集体活动及其社会磋商的过程和产物,权力和利益在实际的科学技术实践活动中发挥着重要的作用,影响着知识的社会建构和技术的社会形成。STS 研究包含了三个理论基础:(1)科学技术与社

---

① 李成智,陈凡,韩连庆. 技术与哲学研究(2006 年第三卷)[M]. 北京:北京航空航天大学出版社,2006:306-307.

会是三个独立的要素;(2)科学技术塑造(shaping)社会,即科学技术对社会产生影响;(3)社会构成(shaped)技术,即社会对技术能够起到某种建构作用。① 从对技术的研究来看,由于 STS 从技术与社会的互动角度进行研究,从而有效地避免了传统技术研究中的技术决定论和社会决定论的观点。

科学技术社会建构论是 STS 研究的重要组成部分,这一思想源于英国的爱丁堡学派的科学知识社会学的传统。这个学派提出了著名的"强纲领","强纲领"由四个基本信念即因果性、公正性、对称性和反身性构成。它的意思是指包括自然科学知识和社会科学知识在内的所有各种人类知识,都是处于一定的社会建构过程之中的信念,所有这些信念都是相对的,由社会决定的,都是处于一定的社会情境之中的人们基于不同类型的利益进行协商的结果。"强纲领"打破了科学知识是客观中性的神话,它表明科学知识和社会知识一样是相对的,是由社会建构和决定的,都要受到各种社会因素的形塑。把建构主义思想从科学引入技术的是比克与平齐,他们认为在科学知识研究中所运用的社会建构主义的方法可以为技术的研究提供借鉴,技术也和科学一样,由不同的社会群体赋予其意义。技术并不是按照自身的逻辑自主地发展,不同的意义和评价结果可以使技术沿着不同的路线发展。目前,技术社会建构论研究的主要框架有比克与平齐的技术的社会建构(SCOT)框架,休斯的系统(SYS)框架,卡隆、阿克里奇、拉图尔等人的行动者—网络(ANT)框架,虽然这些分析框架各具特色,但具有一些共同的特征,主要表现为:第一,人造物解释的弹性原则(interpretative flexibility)。科学知识社会学的相对主义的经验方案应用到技术,对技术人造物及其使用方

---

① 李成智,陈凡,韩连庆.技术与哲学研究(2006 年第三卷)[M].北京:北京航空航天大学出版社,2006:307.

面的研究就表现为"解释的弹性原则"。这一原则的意思是指不同的社会群体对某一特定的人造物的意义可以给予不同的解释,人们可以使用相同的人造物从事广泛不同的目的,特定人造物的意义和它的使用一样非常广泛。这表明,特定的人造物不存在稳定的、预设的技术发展目的,而且其自身的意义也是不确定的。第二,对称性原则(symmetry)。对称性是相对于不对称性而言的。以往人们分析真理和谬误、理性和非理性、成功和失败等问题时往往采取不同的解释标准,比如成功的实践往往归结为自然的因素,失败的实践往往从社会方面找原因。把这种方法应用到技术的研究上,那就是成功的技术是符合其内在自然规律的,失败的技术创新往往从社会方面找原因。而对称性原则认为,对于成功和失败的技术都要依据同样的概念框架进行分析。第三,技术设计的待确定性原则(underdetermination)。技术社会建构论认为,效率并非是技术设计的唯一标准,在这一过程中有很多社会力量在起作用,产生技术的设计方案并不是只有一种,而是有多种选择,这就要求我们关注技术的社会相关性。"不是效率,而是在问题的界定及其解决中的社会选择干预能够解释所有可选择的设计的成败标准。这样,在研究技术时,应关注技术选择背后的社会联盟的导向作用。"①对于技术社会建构论,温纳一方面认为技术社会建构论在试图打开技术的黑箱、揭示技术选择的可能范围、注重案例分析等方面做出了重要的贡献;另一方面,温纳对技术社会建构论也进行了尖锐的批判,认为技术社会建构论的研究主要存在着这样几个方面的问题。

第一,对技术选择社会后果的忽视。温纳认为,技术社会建构

---

① 朱春艳,陈凡. 社会建构论对技术哲学研究范式的影响[J]. 自然辩证法研究,2006(8).

论者忽视了对技术选择社会后果的研究。他们只是关注技术是怎样出现的，技术怎样通过不同的相互作用形成，而很少关注新技术的出现对人们自身、对人类社会、对日常生活和对更大权力分配的意义。产生这一问题的原因，温纳认为有两点：其一，技术变化的结果或者影响已经被更早一代的人文和社会学家研究过了；其二，源于他们的基本定位，即把运用于科学知识社会学的思想和方法应用到技术中去。科学知识社会学主要是研究自然知识的起源，把这个方法应用到技术中去，则关注技术创新的起源和动力，着迷于技术人造物和过程的社会建构，很少关注技术对个人实践和社会关系带来的影响。

第二，对非相关社会群体研究的缺失。温纳认为，技术社会建构论者揭示了相关社会群体的不同利益对技术创新的重要作用，但是忽视了非相关群体的利益对技术创新的影响，更为重要的是他们并没有追问为什么这些群体被排除在外，为什么这些群体的利益诉求不受重视。技术社会建构论者一方面强调对技术创新的多元协商，相关社会群体参与界定技术问题，寻求解决方案。另一方面我们可以看到，在技术创新过程中那些有资源的个人和群体参与制定游戏规则，一些群体受到压制甚至被故意排除在外。对于这种技术选择背后的深层政治偏见，技术社会建构论者并没有进行很好的说明。

第三，对技术变迁包含的动力因素的漠视。温纳认为，技术社会建构论者明显地漠视技术变化的动力因素，他们忙于揭示特定群体和社会行动者在技术变化中的直接需要、利益、问题和解决方案，而不去揭示技术变化背后更深层次的东西。"关于技术的社会选择存在着更深层的文化、智力或者经济根源或者围绕着这些选择存在着更深层问题的情况下，技术社会建构论者的选择是不去揭示它们。"①与技术社会建构论的研究不同,马克思主义研究主要揭示的是一些根本性的东西。例如,在马克思主义者看来,阶级关系是所有经济制度、政府政策和技术选择背后的根本条件,阶级斗争是阶级社会发展的直接动力。在温纳看来,类似这样的研究远比对特定群体和社会行动者的利益和需要的研究要重要得多。

第四,对技术不诉诸道德或政治原则的分析。温纳认为,技术社会建构论者对技术不诉诸道德或政治原则的分析,他们明显地鄙视任何评价或者运用任何道德或者政治的原则去帮助人们对技术进行判断。科学知识社会学的相对主义纲领应用于技术的研究变成了解释的弹性,对于一个技术装置或它的使用不同的人有不同的解释,并没有指定某种特殊的意义。更重要的是,技术社会建构论者对于现代历史中有关技术与人类生存状况最紧密联系的更大问题没有采取一个立场。解释的弹性变成了对道德和政治的冷漠,他们不愿意审视现代技术社会中生活模式背后的本质,不愿意权衡有关能源、交通、计算机等方面选择的好与坏,甚至很少尽力去评估技术社会中作为一个整体的生活方式。为此,温纳认为,技术社会建构论者虽然打开了技术的黑箱,给我们展现了箱子里面一系列多彩的社会行动者、过程和图景,但是他们所揭示的箱子仍然是空的。温纳对技术社会建构论的批判,引起了伍尔加和伊拉姆等学者对相关问题的驳斥和争论,这在前面本书已经论述过。温纳的批判与学者们围绕着技术社会建构论相关问题的论争,对技术社会建构论的发展起着积极的促进作用,这在一定程度上推动了 STS 的发展。

温纳是 STS 研究的重要成员,但他的思想与一般的 STS 不同。由于深受技术哲学和传统政治理论的影响,温纳开展了对技术的政

---

① Langdon Winner. Upon Open the Black Box and Finding It Empty: Social Constructivism and the Philosophy of Technology [J]. Science, Technology and Human Values, 1993, 18(3): 362-378.

治研究，并把这种研究上升到哲学的高度，创立了具有特色的技术政治哲学研究，开拓了 STS 研究领域的新视野。"与一般的 STS 不同，温纳关注的是：政治学的一些古老的关于自由、权力、权威、秩序、正义和民主等问题是如何展现在现代技术的变化中。当我们在创造新的发明、技术和科技系统的过程中，我们正在创造什么样的社会、道德和政治生活？这将是一个对人类社会友好的世界或者相反？这类问题关注的是科技改变和现代政治文化发展之间的关系，以及全世界的各种组织在科技设计和科技政策方面面临的选择问题。"①可以说，温纳对这类问题的研究，极大地丰富和发展了 STS 理论。

## 三、对我国发展具有现实的指导意义

温纳的技术政治哲学思想对我国发展具有重要的指导意义。总体上看，温纳提出的技术自主性思想，对于我国现在还在热衷于关注技术的效率，不计后果地追求财富，几乎不对技术变革加以深入研究、讨论或评估的人们提供警醒作用。虽然温纳认为技术是自主的，但并不否认人们在技术使用方面存在着选择，只是几乎没有人愿意去选择并合理地引导技术。他要求我们改变这种状态，从技术梦游中醒来，这又给人们提供了变革技术的希望。具体来看，温纳对适用技术、信息技术和技术民主控制的探讨对我国现代化建设具有现实的借鉴作用。下面分别探讨这些方面对我国发展的积极意义，具体如下：

第一，对当前我国的可持续发展具有重要的指导性意义。适用

---

① 徐越如. 技术魔力的揭秘者：温纳的技术政治哲学研究[J]. 科学技术与辩证法，2007(3).

## 第九章 对温纳技术政治哲学思想的评价

技术运动虽然失败了,但是它的教训是深刻的,这些教训对当今世界和我国的可持续发展运动具有重要的启示作用。可持续发展作为一个明确的概念最早出现在1980年的《世界自然保护大纲》中。1981年美国农业科学家布朗在《建设一个持续发展的社会》中对可持续发展的观点进行了阐述。1987年世界环境与发展委员会在主席布伦特兰夫人的领导下提出的权威报告《我们共同的未来》系统地阐述了可持续发展的思想。1992年在巴西里约热内卢召开的地球首脑会议通过了《里约环境宣言》和《21世纪议程》等文件,文件的核心是可持续发展,表明可持续发展战略已成为全人类的共识。1994年中国政府通过了《中国21世纪议程——中国21世纪人口、资源、环境与发展白皮书》,标志着中国政府开始把可持续发展作为一个重要的国家战略,并积极参与全球的可持续发展。目前,全球范围包括中国在内正在掀起一场声势浩大的可持续发展运动。可持续发展所倡导的是以保护资源环境为基础,以激励经济发展为条件,以改善和提高人类生活质量为目标,从而实现经济、社会和环境相协调的发展战略和发展模式。从实际操作来看,它主要包括发展、公平性、可持续性和共同性四个基本原则。可持续发展强调的是发展,这种发展不是单纯的经济发展,而是包括生态和社会发展的全面发展;这种发展不仅谋求不同民族、国家发展的公平性,而且还要谋求当代人与未来各代人发展的公平性,避免当代人的发展以损害后代人的发展为代价;这种发展不能超越自然资源和环境的承载能力,强调需求的可持续性,这里的需求不仅是生理上的,还包括精神上的;这种发展要打破国家和民族的狭隘界限,把全人类看做一个共同体,共同应对人类所面临的问题。可见,可持续发展所涉及的内容无论在广度和深度上都超过了适用技术,但是它们都面临着一个共同的问题即如何消解技术的困境问题。对于可持续发展,美国当代著名技术哲学家兰登·温纳教授一方面对其充满期待,鼓励他的学生和同

第一节 温纳技术政治哲学思想的进步意义

事参加围绕"可持续能源"、"可持续农业"和"可持续创新"举办的许多会议，同时鼓励他的学生在"绿色"工业中去寻找职业；另一方面他又对其充满了忧虑，他指出："这种理念是否仅仅是一个带来安慰的美丽幻想，当你试图把它从想象移入现实时就将消逝。也许'可持续性'理念类似于父母给予孩子的东西，一匹'漂亮的小马'或一个可爱的玩具。"①他认为，当前对于可持续发展看好的人们"似乎满足于在黑暗中吹口哨给自己壮胆，而避开了'可持续性'理念本身对我们所有人提出的最麻烦的问题。到目前为止，还没有一个清晰可辨的、被广泛接受的、有希望的、可选择的故事情节照亮人类的当下和未来"。② 对于可持续发展，笔者认为没有必要过于悲观，中国和其他一些国家在可持续发展的实践中所取得的一系列成绩就是明证。但是温纳教授的担忧值得我们重视，需要我们正视当前可持续发展过程中遇到的问题。为了避免重蹈适用技术运动的覆辙，根据当前可持续发展的状况，结合适用技术运动失败的教训，笔者认为当前的可持续发展需要解决这样几个问题：首先，要厘清基本概念。对可持续发展中的"可持续"概念要进一步探究，什么样的发展是"可持续"的？为什么这样的发展是"可持续"的？对于发展程度不同的国家来说，如何实现发展的"可持续"？对于这类问题要给予明确的回答。其次，要制定科学合理的标准。目前，我们制定了一个世界各国可持续发展都可参照的原则，即发展原则、公平性原则、可持续原则和共同性原则，并没有制定一个让世界各国都要遵循的可持续发展标准，这是对的。因为各国国情不一样，可持续发展的道路不一样，标准也不一样。当前各国面临着最大的问题是如何去实现

---

① 兰登·温纳. 科学技术的大叙事：危机时代[J]. 安军，译. 科学技术哲学研究，2010(2).
② 兰登·温纳. 科学技术的大叙事：危机时代[J]. 安军，译. 科学技术哲学研究，2010(2).

可持续发展,一些国家虽然制定了一些标准,但标准并不科学,各标准之间出现了矛盾。因此,制定科学合理的标准,是目前摆在世界各国的当务之急。最后,要解决好与现实技术和权力关系的矛盾。可持续发展不能闭门造车,要切实关注现实的技术和权力关系,否则一切可持续发展的计划将是幻想。要可持续发展,必然会挑战现存的技术和权力关系,这会引起现存技术和权力关系的抵制,为我们的改变带来很多的困难。如为了保护环境,我们要改变现有的能源供给体系,那么那些大型的能源公司如何放弃它们的既得利益而去改变,它们往往运用自己的影响力去抵制。更为重要的是,现在很多大型能源公司是跨国公司,国家的权力对它们的制约有限,实际情况是它们往往利用自身巨大的影响力对国家政策的制定和执行施加影响。另外,已适应原有能源供给方式的人们,要改变习惯使他们接受一种新的方式也需要一个长期的过程。可以说,如何挑战现有的技术和权力关系,是摆在目前可持续发展过程中遇到的最棘手的问题。上述这些问题的解决非常重要并十分迫切,因为它们关系到可持续发展的未来,需要我们认真地对待并切实地解决它。目前,就我们国家来说,无论领导人还是广大民众均对可持续发展充满了希望,都积极投身这一运动中去,但是并没有去认真思考可持续发展背后深层次的问题。由于适用技术运动和可持续发展之间的紧密关系,我们需要从适用技术运动的失败中吸取教训,在当前轰轰烈烈的可持续发展运动中保持几分清醒,避免重蹈适用技术运动的覆辙,使中国的可持续发展能够真正地可"持续"下去。

第二,加深人们对信息技术的认识。我国信息技术发展的时间并不长,随着信息技术革命在全世界的扩散,我国信息技术的发展也取得了长足进步。信息技术已经渗透到社会各领域,对我国政治、经济和文化造成了巨大的影响,导致了人们的生活方式和社会关系的重塑。对于我国大多数民众来说,他们抱着一种信息技术乐观主义的态度,对信息技术带来的社会后果很少关心,只管尽情享受信息技术带来的财富和便捷。温纳主要从技术政治哲学的角度考察了信息技术,对信息技术带来平等和民主的思想表示质疑,同时认为信息技术将带来对社会的监控、权力的失衡和社会政治关系的重构等问题。而一些人对这些问题视而不见,一味地追求经济利益,不断地发明新机器,忽视了对信息技术的反思。温纳的这些思想对我国如何搞好信息技术建设,如何促进社会民主政治的进步提供了警醒和借鉴作用。当然,温纳的信息技术政治思想总的来说是悲观的,就民主政治来说,他没有看到实际生活中信息技术对民主政治发展所起的促进作用。的确,民主的进步不可能仅仅靠计算机就能实现,它需要立法和道德的约束,更重要的是要加强制度建设。但是,我们也要看到,信息技术的发展在一定程度上促进了社会民主进步的事实。实际上,温纳后来也改变了以前对信息技术推动政治变革和促进民主复兴的怀疑态度,促使他改变看法的是奥巴马。奥巴马不仅利用互联网成功地获得了总统选举的胜利,而且利用互联网为其施政服务。温纳指出:"在总统竞选的过去两年里,奥巴马成功地利用了网络的力量,网络帮助他建立了令人惊叹的优势。"[1]奥巴马当选总统后,并没有放弃基于互联网的公民支持模式。他通过视频、邮件、在线提问和投票等形式,很好地实现了总统和公民的互动。互联网现在成为奥巴马总统的一项重要资源,他努力让公民更直接、更主动地参与政治活动。温纳相信,"作为动员支持的一种方式,今后所有的总统都会尝试利用互联网"[2]。对于网络会推动民主问题,温纳还在其他的场合多次谈到,他对网络推动民主的前景比较看好。

---

[1] Langdon Winner. 复兴还是衰落?——对巴拉克·奥巴马技术政策的思考[J]. 自然辩证法通讯, 2010(1).

[2] Langdon Winner. 复兴还是衰落?——对巴拉克·奥巴马技术政策的思考[J]. 自然辩证法通讯, 2010(1).

在与中国学者的一次对话中，他指出："今天，民主化的技术有许多令人惊奇的可能性。包括公民网络参与，在网络与政治之间寻求建设性的变革。"①我国政府也十分重视互联网在参政议政方面的作用，通过网络问计于民，问策于民。2008年6月，国家主席胡锦涛来到人民网同网友在线交流；2009年"两会"期间，总理温家宝也通过中国政府网和新华网与网友在线交流，倾听网友的意见与建议。微博、微信等网络新媒体工具的出现，标志着微时代的来临。由于微时代具有平等性、互动性、即时性、超时空性等特征，导致微时代对社会生活造成较大的冲击，对我国社会政治的发展产生了比较大的影响。习近平总书记上台之后，能够紧紧地把握新时代的脉搏，他在公开讲话和文章中多次谈到网络问题。可以说，习近平总书记对于互联网在国家管理和社会治理中的作用以及人民群众在互联网发展中的中心地位非常重视，他要求各级党政机关和领导干部要学会通过网络走群众路线，了解人民群众所思所愿，积极回应网民的关切，为他们解疑释惑。目前，各级政府官员也纷纷利用网络，听取人民群众的意见和要求，接受人民群众的监督，拉近了同人民群众之间的距离，促进了人民群众与政府的良性互动。可见，温纳的信息技术政治哲学思想既有合理之处，也有不足。我们要批判地吸收它，使其更好地服务于我国社会主义现代化建设。

第三，促进我国民主政治建设的发展。为了摆脱技术的困境，温纳提出公众应该参与技术的设计，公众与专家之间进行民主的对话，并把公众参与技术的设计作为一项基本的人权。温纳的技术民主控制思想对于我国来说是一个全新的内容，这一思想将给我国的民主政治建设赋予新的内涵。技术决策中的公众参与在我国几乎是

---

① 李志红.关于技术自主论思想的探讨——访兰登·温纳教授[J].哲学动态，2011(7).

空白，虽然我国举办过各种听证会，但有关技术发展的听证会很少见。即使有这类听证会，最终的结果多数仍然以专家意见为主。温纳的技术民主控制思想告诉我们，公众参与技术的决策是必要的，也是有这个能力的。在这个思想的指导下，我国应逐步改变技术决策中的专家倾向，提高公众参与技术决策的热情。由于我国是一个有着几千年封建专制历史的国家，长期以来缺乏民主的传统。虽然中华人民共和国成立后一直致力于民主政治的变革，但是要在短期内消除历史积淀下来的政治文化思想是不可能的。公民的民主意识不强，再加上公民的文化素质偏低，必然会阻碍我国技术决策的民主化进程。这就需要我们付出更多的努力，提高社会对于公众参与的认可度和期望值。目前，我认为主要的做法是：(1)提高公众的文化知识水平和能力。可以说，公众的文化知识水平和能力是公众参与技术决策的基础。公众自身要加强文化知识水平的提高，特别是要加强对技术知识的学习和了解，国家有必要大力推进科普宣传工作，提高公众的科学技术素养。除了提高文化知识水平以外，公众还需提高自己参与技术决策的能力。比如组织协调能力、动员能力和论辩能力等。(2)增强公众的民主意识。就技术决策而言，需要公众具有一定的民主参与意识。由于历史的原因，我国公众的民主意识本身就不强，对技术决策的参与意识就更加贫乏。为此，国家要采取相应的措施，社会要加强这方面的宣传，使公众能够了解技术决策的重要性和自身参与技术决策的价值，从而更好地行使自身的民主权利。(3)改变技术使用的传统价值取向。以往对技术的使用往往重视经济效益、政治效益和军事效益，而忽视了社会效益和生态效益，造成了严重的社会和生态问题。公众是这些问题的直接受害者，他们的大力参与将有助于打破决策者狭隘个人利益和小团体利益的限制，更加注重社会的整体利益和长远利益，合理地使用技术，实现社会的可持续发展。(4)建立公众与技术专家的对话交流机制。

要对技术专家进行教育，转变技术专家对公众的不信任态度，提高技术专家的民主意识。为了使公众能够有效地参与技术决策，改变技术专家垄断话语权的局面，实现公众与技术专家的平等对话，需要建立相应的制度和机制，做到双方相互包容、相互理解、相互借鉴和相互协作，促进技术决策的民主性和科学性。当然，从已有的研究来看，对于公众参与技术决策相关问题的研究时间并不长，还有很多思想不够成熟，我们在借鉴时一定要保持慎重的态度。特别是，由于我国特殊的国情，我们在借鉴这些民主思想时，不能盲目照搬而偏离我国自身的发展情况。

## 第二节 温纳技术政治哲学思想的局限

### 一、对技术自主性的研究缺乏辩证分析

温纳看到了技术具有自主性的一面，可能为了追求片面的效果，温纳并没有提到技术具有非自主性的一面。当然，温纳并不是技术自主论的唯一提出者，一些学者也赞同技术自主论的观点，其中以埃吕尔的技术自主论最为典型。埃吕尔的观点本书已经论述过，这里不再赘述。

针对技术自主论，一些学者持批判态度。德国技术哲学家拉普认为，技术领域中一切事物是人创造出来的，这取决于特定时期的人的占支配地位的价值观和目标。因此，把技术看成是自主的主体，实际上是给出了一幅根本错误的图景。弗里德里奇指出，技术既不好也不坏，它始终是人类活动的结果和工具。技术绝不是一种自主的力量，而仅取决于以什么方式来利用它。美国技术哲学家J.皮特

## 第二节 温纳技术政治哲学思想的局限

认为技术是中立的，技术没有自主性。在他看来，由于技术在发展过程中要受到一定社会条件的限制，因而自主性因素非常小，我们人类仍然掌握着命运的方向盘。国内学者大多数主张辩证地看待技术自主性问题，东北大学的陈昌曙针对埃吕尔提出的技术自主论在承认其具有较大研究价值的同时，也承认其存在着较大的缺陷。陈昌曙指出："在技术与社会的互动关系上埃吕尔毕竟是陷入了片面性的困境，他鲜明尖锐地指出了技术对社会结构和政治权力的决定作用，却把政治、经济、伦理都纳入到技术系统和技术环境之中，至少是否定了政治、经济、伦理等也有其自身的相对独立性，从而也就排斥了这些社会因素对技术的反作用。"①中国社会科学院的刘文海认为："技术的确表现出某种自主性，但这是相对的、外在的，而非绝对的。技术的自主性是相对的，不自主是绝对的。这个结论是辩证唯物主义的。"②在技术是否自主性的问题上，笔者比较赞同技术合力论。这一观点认为，技术在任何意义上都是自主性与非自主性的统一，而不仅仅是在相对意义上自主和在绝对意义上不自主。"技术的发展是自主性与非自主性的统一，有自我发展的内在规律，同时也会受到各种角色和意志的影响，是自身逻辑和外在因素合力的结果。技术本身的自主发展规律是其中的意志之一，也是比较重要的一个意志，但这一意志同样不能达到自己的愿望，需要与外在因素形成一个合力。所以，技术的发展也是一个平行四边形，在技术自身规律的前提下，各种因素对技术的发展都会产生影响，技术不可能完全自主地按照自身的逻辑发展，会在稍微偏离自主发展的方向沿着合力的方向发展。"③温纳看到了技术具有自主性一面，而忽视了技术具有非自主性的一面，因此其思想具有片面性。

---

① 陈昌曙．技术哲学引论[M]．北京：科学出版社，1999：218．
② 刘文海．技术的政治价值[M]．北京：人民出版社，1996：52．
③ 李梅敬．从温纳技术自主思想看技术合力论[J]．唯实，2007(8)．

## 二、对技术民主控制的研究尚需深化

针对技术的困境,温纳提出了技术民主控制思想,这一思想的提出具有重要的意义,但是温纳更多的是进行实证研究,一些理论上的问题并没有得到根本的解决。"他打开了技术的黑箱,却留下一个没有触动的民主黑箱。"[①]正因如此,对技术民主控制的研究尚需深化,具体表现为:

首先,从技术的自主性到技术民主控制研究的缺失。温纳一方面想通过对技术自主论的研究来唤起人们对技术失控问题的关注;另一方面他又不想用技术自主论来扼杀人类技术控制的可能性和希望。与埃吕尔的技术自主论相比,温纳的思想相对温和一些,他希望给技术的选择留下空间。"温纳强调技术选择的重要性,他不愿意站在埃吕尔的那种极端的立场上,因为人们总是能够找到人的意志、选择、行动的例子反驳埃吕尔的声称。"[②]但是,技术是自主的,为什么人们能够进行选择?如果有选择,这种选择的余地有多大?为什么需要公众参与技术的选择?针对诸如此类的问题,温纳并没有给予明确和系统的说明。根据温纳现有的研究,从技术的自主性到技术的民主控制之间的研究几乎是盲点,没有进行很好的理论构建,具有很大的跳跃性。笔者认为,芬伯格对技术民主化理论体系的构建就值得温纳借鉴。芬伯格以技术代码为基础,构建了工具化理论,从而顺理成章地提出了技术民主化理论,整个理论体系比较完备,这是温纳的技术民主控制研究所欠缺和亟待加强的。

---

① 梅其君. 技术自主论研究纲领解析[M]. 沈阳:东北大学出版社,2008:133.

② 梅其君. 温纳是技术自主论者吗——兼论温纳对埃吕尔的技术自主性思想的发展[J]. 自然辩证法研究,2007(5).

其次，技术专家和公众之间的关系并没有厘清。温纳提出了技术的民主控制思想，但是如何正确处理技术专家和公众之间的关系并没有从理论上进行深入的说明。对于公众来说，由于现代技术发展的快速性、专业性和复杂性，他们是否有能力参与技术的决策是受到质疑的。对于技术专家来说，普遍存在的是对公众参与能力不信任，认为他们的参与干涉了自己技术研发的自由。更重要的是，为了自身的利益，技术专家联盟阻碍权力的共享。"技术专家之间紧密联合，形成了一个强大的、有组织的、积极参与政治的共同体，从而阻碍了公众对决策权力的共享或者在一定意义上使公众参与的努力无效。"①现实生活中，技术专家往往凭借其掌握技术知识的优势在技术决策中占主导地位，公众更多地成为技术决策的配角和看客。公众采取何种方式参与技术决策，公众参与技术决策是否阻碍正常的技术发展，如何实现公众与技术专家之间的平等对话等诸如此类的问题，温纳并没有从理论上进行深究。

最后，对发展中国家技术民主控制研究的缺失。温纳提出的技术民主控制思想是针对所有国家来说的，但从温纳所举的例子来看，主要是从发达国家的角度来讲的，并没有考虑到发展中国家的实情。根据已有的经验和教训，民主的实现要考虑各国的国情。由于发展中国家和发达国家的实际情况不一样，民主实现的方式也应该不一样。但是，一些发展中国家并没有认识到这一点，它们对西式的民主一味地照搬照抄，没有从本国的国情出发，结果带来了经济的衰退、社会矛盾的激化、国家的动荡，有的甚至还发生了流血冲突和战争，导致国家解体。目前，从发展中国家来看，民主制度普遍不健全，公众的民主意识不强，文化素质偏低，还没有养成民主的习

---

① 张慧敏.当代西方民主的技术思想研究[M].沈阳：东北大学出版社，2006：87.

惯，民主涉及的领域和范围不广等，这些都成为阻碍广大发展中国家民主进步的重要因素。正因为如此，就技术领域的发展来说，如何有效地实现公众参与技术的民主决策是摆在发展中国家面前的难题。随着技术的发展，技术对社会的影响越来越大，在推动社会进步的同时，带来的问题也越来越多，人们需要作技术决策的次数也越来越多。针对技术的决策，从发展中国家来看，公众很少参与其中，即使是参与其中，也没有多大话语权。更多的情况是，由于受传统思想的影响，再加上面临发展的巨大压力，做出技术决策的一般是专家而不是公众，更多考虑的是效率和经济利益而忽视了其他方面。"事实上，正如温纳自己所指出的，关于技术的决定论观点在一般公众心目中比以往更为强烈。一般公众特别是发展中国家的公众仍然盲目地相信技术必然带来美好未来，他们并不关心技术的民主塑造问题，他们更关心眼前的生活。"[1]针对如何在发展中国家实现技术的民主控制问题，温纳并没有给予这方面的建议和说明。

---

[1] 梅其君. 技术自主论研究纲领解析[M]. 沈阳：东北大学出版社，2008：133.

# 结 束 语

　　我对温纳技术政治哲学思想的研究来源于我对技术与政治关系的兴趣。在一次查找资料的过程中，偶尔看到温纳所写的一篇论文《技术物有政治性吗？》，便被文中独特的视角所吸引。文章并没有依据传统习惯把技术和政治当做两个分离的领域来研究，而是提出了技术物本身就具有政治性的观点。这一观点打破了传统意义上人们对技术与政治关系的认识，加深了人们对技术与政治关系的理解，给人以耳目一新的感觉。为此，我便暗下决心要研究温纳的技术政治哲学思想。虽然在研究中遇到很多问题，比如资料获取困难、繁重的翻译任务、家庭和工作的压力等，但这些并没有动摇我要研究温纳技术政治哲学思想的意志。随着对温纳技术政治哲学思想研究的逐步深入，我深感温纳技术政治哲学思想的重要价值。温纳的研究和以往绝大多数技术哲学家的研究不同，以往绝大多数技术哲学家主要从整体上研究技术，虽然有些技术哲学家涉及技术甚至是具体技术的政治问题，但并不全面。可以说，温纳是一个比较全面地研究技术政治问题的哲学家，并且一直都在致力于技术政治问题的研究。他不仅研究总体技术的政治问题，而且研究具体技术所包含的政治意涵。温纳的研究不仅开拓了技术哲学研究的新视野，而且还推动了技术哲学的经验转向。也许温纳自己都没有意识到，他开创了技术哲学研究的新进路。温纳的思想给我们多方面的启发，通过对温纳技术政治哲学思想的研究，我们应该获得这样一些认识：

## 结　束　语

（1）技术负荷价值，甚至是政治价值。虽然技术中性论还有市场，但是技术负荷价值的观点得到了越来越多人的认同。温纳主要研究了技术的政治价值负荷，在他看来，这种政治价值负荷有两种情况，一种是技术外在地被赋予政治性；另一种是技术内在地具有政治性。

（2）现代社会技术已经成为了一种制度框架，由于人们在构建这个框架之前，一切以追求效率和财富为目标，放弃了以前人们对技术所持的谨慎态度，忽视了这个框架对自由、民主、平等、权力和权威等方面造成的影响，结果带来了一系列问题。

（3）技术专家治国论看到了技术专家在技术社会中的重要作用，但认为社会应该由技术专家统治则是不现实的。实际情况是技术专家并没有形成一个一致的有凝聚力的精英团体，也没有能力获得在任何当代的政体中对政府行为的控制优势。技术专家治国论认为只有技术专家才能真正地理解和掌握技术，排斥公众参与技术的民主决策则是错误的。

（4）技术已经成为了一种生活方式，现代技术由于具有技术命令和反向适应的特点，呈现出自主性趋势。技术具有了自主性，将使人类丧失自主性，人类将面临技术统治的危险。

（5）技术的变革和革命并不能摆脱技术的困境，适用技术运动的失败和信息技术革命带来的诸多问题表明技术的困境依然存在，我们应该从中吸取教训，对技术进行更加深刻的反思。

（6）技术的民主控制是摆脱技术困境的途径。温纳批判了传统技术困境的解决途径，认为回归自然太模糊，风险评估太冒险，价值探讨过于空洞。他推崇技术的民主控制，并希望通过立法把公众参与技术作为一项基本的人权和公民权。

温纳以全新的政治视角为我们揭示了技术与人类的关系，对当前社会的技术发展具有重要的借鉴意义。当然，温纳的技术政治哲学思想也存在着局限。因此，对其思想我们要进行批判性的吸收。本书的内容并不包括温纳技术哲学思想的所有方面，将来还有很多事情要做，我将沿着这条路线继续走下去，"路漫漫其修远兮，吾将上下而求索"。

# 参考文献

[1] 安德鲁·芬伯格. 可选择的现代性[M]. 陆俊, 严耕, 等, 译. 北京: 中国社会科学出版社, 2003.

[2] 安德鲁·芬伯格. 技术批判理论[M]. 韩连庆, 曹观法, 译. 北京: 北京大学出版社, 2005.

[3] 安维复. 技术创新的社会建构[M]. 上海: 文汇出版社, 2003.

[4] 安维复. 社会建构主义的"更多转向"[M]. 北京: 中国社会科学出版社, 2008.

[5] 贝尔纳. 科学的社会功能[M]. 北京: 商务印书馆, 1982.

[6] 陈昌曙. 技术哲学引论[M]. 北京: 科学出版社, 1999.

[7] 陈昌曙. 陈昌曙技术哲学文集[M]. 沈阳: 东北大学出版社, 2002.

[8] 陈昌曙, 远德玉. 技术哲学引论[M]. 沈阳: 辽宁人民出版社, 1991.

[9] 陈昌曙, 远德玉. 技术选择论[M]. 沈阳: 辽宁人民出版社, 1999.

[10] 陈凡. 技术社会化引论[M]. 北京: 中国社会科学出版社, 2000.

[11] 陈凡, 陈红兵, 田鹏颖. 技术与哲学研究[M]. 沈阳: 东北大学出版社, 2009.

[12] 陈凡, 张明国. 解析技术[M]. 福州: 福建人民出版社, 2002.

[13]陈凡,朱春艳.全球化时代的技术哲学：2004年"技术哲学与技术伦理"国际研讨会译文集[M].沈阳：东北大学出版社,2006.

[14]陈红兵.新卢德主义评析[M].沈阳：东北大学出版社,2008.

[15]陈振明.法兰克福学派与科学技术哲学[M].北京：中国人民大学出版社,1995.

[16]成素梅.在科学、技术与哲学之间[M].上海：上海社会科学院出版社,2008.

[17]邓晓芒,赵林.西方哲学史[M].北京：高等教育出版社,2005.

[18]段伟文.被捆绑的时间：技术与人的生活世界[M].广州：广东教育出版社,2001.

[19]E.舒尔曼.科技时代与人类的未来——在哲学深层的挑战[M].李小兵,谢京生,张峰,等,译.北京：东方出版社,1995.

[20]F.拉普.技术哲学导论[M].刘武,等,译.沈阳：辽宁科学技术出版社,1986.

[21]傅静.科技伦理学[M].成都：西南财经大学出版社,2002.

[22]傅梅畅.伯格曼技术哲学思想探究[M].沈阳：东北大学出版社,2010.

[23]高亮华.人文主义视野中的技术[M].北京：中国社会科学出版社,1996.

[24]郭冲辰.技术异化论[M].沈阳：东北大学出版社,2005.

[25]冈特·绍伊博尔德.海德格尔分析新时代的技术[M].北京：中国社会科学出版社,1998.

[26]赫伯特·马尔库赛.单向度的人[M].刘继,译.上海：上海译文出版社,2006.

[27]哈贝马斯.作为"意识形态"的技术与科学[M].李黎,郭官义,

译. 上海：学林出版社，1999.

[28] 姜振寰. 哲学与社会视野中的技术[M]. 北京：中国社会科学出版社，2005.

[29] 李宏伟. 现代技术的陷阱：人文价值冲突及其整合[M]. 北京：科学出版社，2007

[30] 李三虎. 重申传统：一种整体论的比较技术哲学研究[M]. 北京：中国社会科学出版社，2008.

[31] 李思孟，宋子良. 科学技术史[M]. 武汉：华中科技大学出版社，2000.

[32] 李兆友. 技术创新主体论[M]. 沈阳：东北大学出版社，2001.

[33] 刘大椿. 科学技术导论[M]. 北京：中国人民大学出版社，2000.

[34] 刘则渊，王续琨，王前. 工程·技术·哲学（2004—2005年卷）[M]. 大连：大连理工大学出版社，2006.

[35] 刘文海. 技术的政治价值[M]. 北京：人民出版社，1996.

[36] 吕振合. 自然辩证法专题讲座[M]. 呼和浩特：内蒙古大学出版社，2007.

[37] 马克思恩格斯选集（第1~4卷）[M]. 北京：人民出版社，1995.

[38] 马克斯·韦伯. 新教伦理与资本主义精神[M]. 陈平，译. 西安：陕西师范大学出版社，2007.

[39] 马会端. 实用主义分析技术哲学[M]. 沈阳：东北大学出版社，2006.

[40] 毛牧然，陈凡. 论网络技术的价值的二重性[M]. 北京：中国社会科学出版社，2008.

[41] 梅其君. 技术自主论研究纲领解析[M]. 沈阳：东北大学出版社，2008.

[42] 牟焕森. 马克思技术哲学思想的国际反响[M]. 沈阳：东北大

学出版社，2003.

[43] 潘洪林. 科技理性与价值理性[M]. 北京：中央编译出版社，2007.

[44] 乔瑞金. 技术哲学教程[M]. 北京：科学出版社，2006.

[45] 乔瑞金. 马克思技术哲学论纲[M]. 北京：人民出版社，2002.

[46] 乔瑞金，牟焕森，管晓刚. 技术哲学导论[M]. 北京：高等教育出版社，2009.

[47] 斯宾格勒. 西方的没落[M]. 北京：商务印书馆，2002.

[48] 盛国荣. 技术哲学语境中的技术可控性[M]. 沈阳：东北大学出版社，2007.

[49] 舒红跃. 技术与生活世界[M]. 北京：中国社会科学出版社，2006.

[50] 田鹏颖. 社会技术哲学[M]. 北京：人民出版社，2005.

[51] 王伯鲁. 技术究竟是什么：广义技术世界的理论阐释[M]. 北京：科学出版社，2006.

[52] 王飞. 德韶尔的技术王国思想[M]. 北京：人民出版社，2007.

[53] 王桂山. 技术理性的认识论研究[M]. 沈阳：东北大学出版社，2006.

[54] 吴国盛. 技术哲学经典读本[M]. 上海：上海交通大学出版社，2008.

[55] 吴国盛. 技术哲学讲演录[M]. 北京：中国人民大学出版社，2009.

[56] 王前. 技术现代化的文化制约[M]. 沈阳：东北大学出版社，2002.

[57] 文成伟. 欧洲技术哲学前史研究[M]. 沈阳：东北大学出版社，2004.

[58] 肖峰. 哲学视域中的技术[M]. 北京：人民出版社，2007.

[59] 肖峰. 技术发展的社会形成[M]. 北京：人民出版社, 2002.

[60] 邢怀滨. 社会建构论的技术观[M]. 沈阳：东北大学出版社, 2005.

[61] 许良. 技术哲学[M]. 上海：复旦大学出版社, 2004.

[62] 张华夏, 张志林. 技术解释研究[M]. 北京：科学出版社, 2005.

[63] 张慧敏. 当代西方民主的技术思想研究[M]. 沈阳：东北大学出版社, 2006.

[64] 张玲. 西方工程哲学思想的历史考察与分析[M]. 沈阳：东北大学出版社, 2008.

[65] 赵建军. 追问技术悲观主义[M]. 沈阳：东北大学出版社, 2001.

[66] 赵乐静. 技术解释学[M]. 北京：科学出版社, 2009.

[67] 赵迎欢. 高技术伦理学[M]. 沈阳：东北大学出版社, 2005.

[68] 朱春艳. 费恩伯格技术批判理论研究[M]. 沈阳：东北大学出版社, 2006.

[69] 郑晓松. 技术与合理化——哈贝马斯技术哲学研究[M]. 济南：齐鲁书社, 2007.

[70] 杨庆峰. 技术现象学初探[M]. 上海：上海三联书店, 2005.

[71] 李成智, 陈凡, 韩连庆. 技术与哲学研究[M]. 北京：北京航空航天大学出版社, 2008.

[72] 胡春艳. 科学技术政治学的"研究纲领"——对科学技术与政治互动关系的研究[D]. 厦门：厦门大学, 2006.

[73] 李永红. 技术认识论探究——关于技术的现代反思[D]. 上海：复旦大学, 2007.

[74] 安维复. Technocracy——一种价值无涉的工具理性[J]. 求是学刊, 1999(5).

[75] 安维复. 走向社会建构主义：海德格尔、哈贝马斯和芬伯格的技术理念[J]. 科学技术与辩证法, 2002(6).

[76] 安维复. 社会建构主义评介[J]. 教学与研究, 2003(4).

[77] 陈向义. 论技术的相对自主性[J]. 科学技术与辩证法, 2002(4).

[78] 狄仁昆, 曹观法. 雅克·埃吕尔的技术哲学[J]. 国外社会科学, 2004(4).

[79] 高亮华. 温纳：从《自主技术论》到《鲸鱼与反应堆》[J]. 自然辩证法研究, 1992(5).

[80] 高亮华. 人文主义视野中的技术[J]. 清华大学学报(哲学社会科学版), 1996(3).

[81] 高亮华. 希望的革命——弗洛姆论技术人道化[J]. 自然辩证法研究, 1997(2).

[82] 高亮华. 论当代技术哲学的经验转向——兼论分析技术哲学的兴起[J]. 哲学研究, 2009(3).

[83] 管晓刚. 关于技术本质的哲学释读[J]. 自然辩证法研究, 2001(12).

[84] 郭建中, 闻娟. 芬伯格的技术民主化思想透视[J]. 前沿, 2008(4).

[85] 韩潮. 希腊思想中的技术问题[J]. 自然辩证法研究, 2007(6).

[86] 胡春艳. 初探科技决策中的公众参与[J]. 科学技术与辩证法, 2005(3).

[87] 荆筱槐, 陈凡. 芬伯格的技术价值观理论解析[J]. 东北大学学报(社会科学版), 2007(4).

[88] 兰登·温纳. 当代技术哲学与社会批判[J]. 安军, 译. 科学技术哲学研究, 2009(5).

[89] 兰登·温纳. 复兴还是衰落？——对巴拉克·奥巴马技术政策

的思考[J]．自然辩证法通讯，2010(1)．

[90]兰登·温纳．科学技术的大叙事：危机时代[J]．安军，译．科学技术哲学研究，2010(1)．

[91]李梅敬．走近Langdon Winner及其技术观[J]．科学技术与辩证法，2006(4)．

[92]李梅敬．从温纳技术自主思想看技术合力论[J]．唯实，2007(8)．

[93]李三虎，赵万里．技术的社会建构[J]．自然辩证法研究，1994(10)．

[94]李三虎，赵万里．社会建构论与技术哲学[J]．自然辩证法研究，2000(9)．

[95]李硕．技术决定论浅析[J]．哈尔滨工业大学学报，2001(3)．

[96]李志红．关于技术自主论思想的探讨——访兰登·温纳教授[J]．哲学动态，2011(7)．

[97]林德宏．关于社会对技术的必要约束——评技术价值中立论和价值自主论[J]．东南大学学报，2000(3)．

[98]刘桂英，任玉凤．Winner的技术政治性思想评述[J]．价值与文化研究，2004(1)．

[99]刘桂英，任玉凤．温纳的技术自主性思想[J]．科学技术与辩证法，2004(3)．

[100]刘文海．技术负荷政治吗？[J]．自然辩证法通讯，1996(1)．

[101]陆江兵．中立的技术及其在制度下的价值偏向[J]．科学技术与辩证法，2000(5)．

[102]梅其君，陈凡．自由与辩证法：埃吕尔技术哲学的另一种解读[J]．东北大学学报，2005(4)．

[103]梅其君．埃吕尔与温纳的技术本质观之比较[J]．自然辩证法研究，2006(8)．

[104] 梅其君. 温纳是技术自主论者吗——兼论温纳对埃吕尔的技术自主性思想的发展[J]. 自然辩证法研究, 2007(5).

[105] 梅其君. 作为生活方式的技术——论温纳的技术本质观[J]. 贵州工业大学学报(社会科学版), 2007(3).

[106] 梅其君, 文罡. 技术自主论思想溯源[J]. 东北大学学报, 2008(2).

[107] 梅其君. 技术在何种意义上自主?[J]. 科学技术与辩证法, 2008(6).

[108] 牟焕森. 国外学者视野中的马克思技术哲学思想[J]. 自然辩证法研究, 2002(2).

[109] 乔瑞金, 管晓刚. 论技术引导下的人类自由[J]. 自然辩证法研究, 2000(1).

[110] 乔瑞金, 张秀武, 刘晓东. 技术设计: 技术哲学研究的新论域[J]. 哲学动态, 2008(8).

[111] 苏振峰, 范旭. 浅析先进适用技术——兼论适用技术的历史发展[J]. 科研管理, 1998(5).

[112] 孙浔. 芬伯格技术哲学的四个向度[J]. 理论界, 2008(5).

[113] 孙浔. 技术民主的两条道路——哈贝马斯和芬伯格技术政治学比较研究[J]. 兰州学刊, 2008(9).

[114] 孙延臣, 秦书生. 关于技术自主论的综述[J]. 东北大学学报, 2003(3).

[115] 盛国荣. 技术控制主义: 技术哲学发展的新阶段[J]. 哲学动态, 2007(5).

[116] 盛国荣. 弗兰西斯·培根的技术哲学思想探微[J]. 自然辩证法研究, 2008(2).

[117] 王建设. "技术决定论"与"社会建构论": 从分立到耦合[J]. 自然辩证法研究, 2007(5).

[118] 卫羚. 兰登·温纳技术哲学思想的解读——技术决定论与社会决定论的桥梁[J]. 福建论坛, 2009(9).

[119] 魏星河, 刘加贝, 聂贝妮. 我国公民网络参政兴起的特点、原因及其影响[J]. 求实, 2010(5).

[120] 吴国盛. 哲学中的"技术转向"[J]. 哲学研究, 2001(1).

[121] 吴国盛. 芒福德的技术哲学[J]. 北京大学学报(哲学社会科学版), 2007(6).

[122] 吴国盛. 技术释义[J]. 哲学动态, 2010(4).

[123] 肖峰. 技术的社会形成论以及与科学知识社会学的关系[J]. 自然辩证法通讯, 2001(5).

[124] 肖峰. 关于技术的政治性[J]. 自然辩证法通讯, 2004(4).

[125] 许志晋, 宋艳葵. 走可持续发展的共生的技术创新之路——来自于对国外适用技术创新理论的历史考察[J]. 工业技术经济, 2006(9).

[126] 许志晋, 徐宪春, 冯丹纯. 适用技术理论历史发展评析[J]. 科学学研究, 1996(4).

[127] 徐越如. 从技术的梦游到技术的民主控制[J]. 天津工程师范学院学报, 2007(1).

[128] 徐越如. 技术魔力的揭秘者:温纳的技术政治哲学研究[J]. 科学技术与辩证法, 2007(3).

[129] 邹青. 西方技术哲学的困境[J]. 自然辩证法研究, 1988(2).

[130] 张慧敏, 陈凡. 从自主的技术到技术的政治——L. 温纳(Langdon Winner)的技术哲学思想及启示[J]. 自然辩证法研究, 2004(8).

[131] 张慧敏, 陈凡. 当代西方民主技术研究综述[J]. 哲学动态, 2004(12).

[132] 张云龙, 张同乐. 技术的政治价值之思[J]. 理论导刊, 2006

(2).

[133]赵建军.技术本质特征的批判性阐释[J].自然辩证法研究,2001(3).

[134]郑晓松.技术的民主化向度——哈贝马斯的技术观[J].自然辩证法研究,2006(8).

[135]朱葆伟.技术哲学研究综述[J].哲学动态,2001(6).

[136]朱春艳,陈凡.费恩伯格"技术编码"理论的内涵透视和意义分析[J].自然辩证法研究,2005(1).

[137]朱春艳,陈凡.欧美当代技术哲学的"经验转向":内涵、依据和存在的问题[J].东北大学学报(社会科学版),2005(2).

[138]朱春艳,陈凡.社会建构论对技术哲学研究范式的影响[J].自然辩证法研究,2006(8).

[139]朱春艳.告别乌托邦:费恩伯格技术批判理论的理论主题[J].自然辩证法研究,2007(7).

[140]朱春艳.论费恩伯格的"技术民主化"理论[J].自然辩证法研究,2008(7).

[141]朱志宏,钱兆华.埃吕尔究竟担心什么[J].晋阳学刊,1994(4).

[142]虞新胜.政治价值与政治活动的追求——探析政治概念的二元结构[J].西南大学学报(社会科学版),2008(1).

[143]安维复.技术统治论:从空想到科学的探索[J].自然辩证法研究,1996(9).

[144] Andrew Feenberg. Transforming Technology [M]. New York: Oxford University Press, 2002.

[145] Andrew Feenberg. Questioning Technology [M]. London and New York: Routledge, 1999.

[146] Andrew Feenberg. Alternative Modernity [M]. University of Cali-

fornia Press, 1995.

[147] Bijon Roy. Integrative Assignment: Student Responses to Langdon Winner's"Technological Determinism: Alive and Kicking?" [J]. http://www.rpi.edu/~winner.

[148] Cezar M Omatowski. Techne and politeia: Langdon Winner's Political Theory of Technology and Its Implications for Technical Communication [J]. http://www.rpi.edu/~winner.

[149] Herbert Marcuse. An Essay on Liberation [M]. Boston: Beacon Press, 1969.

[150] John Naisbitt. Megatrends: Ten New Directions Transforming Our lives [M]. New York: Warner Books, 1984.

[151] Langdon Winner. Autonomous Technology: Technics-out-of-control as a Theme in Political Thought [M]. Cambridge: The MIT press, 1977.

[152] Langdon Winner. The Whale and the Reactor: A Search for Limits in an Age of High Technology [M]. Chicago: University of Chicago Press, 1986.

[153] Langdon Winner(ed.). Democracy In A Technology Society [M]. Netherlands: Kluwer Academic Publishers, 1992.

[154] Langdon Winner. Science Policy and the Push for Nanotechnology [J]. http://www.rpi.edu/~winner.

[155] Langdon Winner. The handwriting on the wall: Resisting Technoglobalism's Assault on Education [J]. http://www.rpi.edu/~winner.

[156] Langdon Winner. Complexity, Trust and Terror [J]. http://www.rpi.edu/~winner.

[157] Langdon Winner. Cyberlibertarian Myths and the Prospects for

Community [J]. http://www.rpi.edu/~winner.

[158] Langdon Winner. Computers and Hope in an Urban Ark [J]. http://www.rpi.edu/~winner.

[159] Langdon Winner. How Technomania Is Overtaking the Millennium [J]. http://www.rpi.edu/~winner.

[160] Langdon Winner. Technological Euphoria and Contemporary Citizenship [J]. http://scholar.lib.vt.edu/ejournals/SPT/v9nl/winner.html.

[161] Langdon Winner. Langdon Winner's Home Page. http://www.rpi.edu/~winner.

[162] Langdon Winner. Upon Open the Black Box and Finding It Empty: Social Constructivism and the Philosophy of Technology [J]. Science, Technology and Human Values, 1993, 18(3): 362-378.

[163] Langdon Winner. New Technology and the Dream of Political Renewal [J]. Draft of Lecture, 2006.

[164] Langdon Winner. The Enduring Dilemmas of Autonomous Technique [J]. http://www.rpi.edu/~winner.

[165] Langdon Winner. On the Foundations of Science and Technology Studies [J]. http://www.rpi.edu/~winner.

[166] Langdon Winner. Is there a Light our Bushel? Three Modest Proposals For S.T.S [J]. http://www.rpi.edu/~winner.

[167] Langdon Winner. The Toxic Tube [J]. http://www.rpi.edu/~winner.

[168] Langdon Winner. Technology Today: Utopia or Dystopia [J]. http://www.rpi.edu/~winner.

[169] Langdon Winner. An Excerpt from "Technological Determinism: Alive and Kicking?" [J]. http://www.rpi.edu/~winner.

参 考 文 献

[170] Langdon Winner. Imagining the future [J]. http://www.rpi.edu/~winner.

[171] Langdon Winner. Prophets of Inevitability [J]. http://www.rpi.edu/~winner.

[172] Langdon Winner. Look out for the Luddite Label [J]. http://www.rpi.edu/~winner.

[173] Langdon Winner. The Nevehood of Internet Commerce [J]. http://www.rpi.edu/~winner.

[174] Langdon Winner. Reply to Mark Elam [J]. Science, Technology and Human Values, 1994, 19(1): 107-109.

[175] Mark Elam. Anti Anticonstructivism or Laying the Fears of a Langdon Winner to Rest [J]. Science, Technology and Human Values, 1994, 19(1): 101-106.

[176] Steve Woolgar. What's at Stake in the Sociology of Technology? A Reply to Pinch and to Winner [J]. Science, Technology and Human Values, 1993, 18(4): 523-529.

[177] Theodore Roszak. Where the Wasteland Ends: Politics and Transcendence in Postindustrial Society [M]. Garden City, N.Y.: Anchor Books, 1972.

# 后　记

　　本书是在我的博士学位论文的基础上修改而成的，在本书即将付梓之际，我感慨颇多。有写作时的艰辛和迷茫，也有收获时的喜悦和感动，但更多的是感谢。

　　首先，要感谢我的导师高秉江教授，感谢恩师的严格要求和细心指导，使我的学术水平提高到一个新的层次，也感谢恩师对我方方面面的关心和照顾，这些学生将永远铭记于心。恩师于2014年不幸患病逝世，正当年富力强和事业鼎盛时却永远离开了我们，再也听不到恩师的谆谆教导了，作为学生的我，万分悲痛，无限追思，学生无以回报，只有在学术研究上多下工夫，这本书的出版也是我献给恩师的最好的礼物。

　　感谢华中科技大学给予我教诲和帮助的各位老师，在这里，我要特别感谢万小龙教授，和万老师的每一次交谈，都使我受益匪浅。同时，还要感谢朱志方教授、张大松教授、董尚文教授、陈刚教授和舒年春老师，谢谢他们对本书的写作提出的宝贵意见。

　　能进入华中科技大学读博是我的荣幸，学校浓郁的学术氛围，老师们严谨的治学态度让我铭记于心。但同时倍感压力，担心不能完成学业。我曾经是一名中学教师，后来在华中师范大学攻读科技哲学硕士，目前在武汉体育学院工作，读博时年近四十了。边从事教学，边学习，总感觉时间和精力不够。2009年，女儿安安的出生，在给我带来了很多喜悦的同时，也失去了很多学习的时间。为了使

## 后　记

我安心工作和学习,岳父一家挑起了照顾我女儿的重担。在这里,我要真心感谢我的爱人刘娜女士和我的岳父、岳母,没有他们分担大量的家务,我不可能安心于博士论文的写作,也不可能有这本书的出版。在这里,我也对宝贝女儿安安说声对不起,爸爸为了学业给了你较少的父爱,爸爸以后要加倍地补偿你。

还要感谢我的学友张果、潘红霞、李佩雯、赵伟、郑剑和吴国文,回顾在一起的岁月,有学术上的争论,有生活上的相互关照,有一起在喻家山上畅谈理想的激情。

在本书的撰写过程中,参考和引用了许多国内外专家和学者的文献资料,在这里我一并表示感谢。特别值得提出来的是,我要特别感谢美国仁斯利尔理工学院(Rensselaer Polytechnic Institute)的兰登·温纳(Langdon Winner)教授,他深邃的哲学思想和不同寻常的洞察力,在开拓了我的眼界和给我以学术的启迪的同时,也为本书的写作提供了重要的思想之源。

由于本人学识有限,书中难免有不妥之处,敬请学界同仁和广大读者给予批评指正,我将表示衷心的感谢。

作者

2017 年 10 月